▲ 全家福：小帆坐了二十多个小时飞机从新加坡赶回纽约，刘轩全家也在美国过暑假，于是拍了一张难得的全家福

兄妹二人个性相异，但对音乐都有着深厚的喜爱

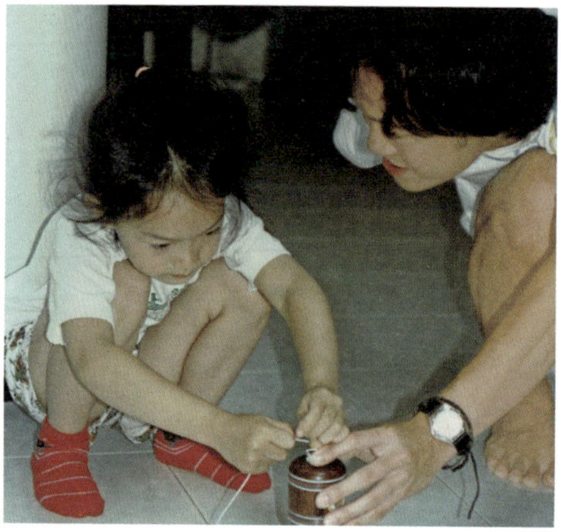

兄妹一起做实验

带着女儿画画

和女儿一起堆雪人

教女儿做园艺

▲ 儿子和我一样喜爱艺术，热心公益

▲ 父子在一起

[美]刘 墉——著

天赋教养

刘墉谈亲子教育的「40」堂课

TIANFU JIAOYANG

LIU YONG TAN QINZI JIAOYU DE 40 TANG KE

接力出版社
Publishing House

绿色印刷　保护环境　爱护健康

亲爱的读者朋友：

本书已入选“北京市绿色印刷工程——优秀出版物绿色印刷示范项目”。它采用绿色印刷标准印制，在封底印有“绿色印刷产品”标志。

按照国家环境标准（HJ2503-2011）《环境标志产品技术要求 印刷 第一部分：平版印刷》，本书选用环保型纸张、油墨、胶水等原辅材料，生产过程注重节能减排，印刷产品符合人体健康要求。

选择绿色印刷图书，畅享环保健康阅读！

北京市绿色印刷工程

桂图登字：20-2019-034

原出版者：台湾商务印书馆有限公司

图书在版编目（CIP）数据

天赋教养：刘墉谈亲子教育的40堂课 /（美）刘墉著.—南宁：接力出版社，2020.3

ISBN 978-7-5448-6417-6

Ⅰ.①天…　Ⅱ.①刘…　Ⅲ.①亲子教育－通俗读物　Ⅳ.① G781-49

中国版本图书馆 CIP 数据核字（2020）第 012315 号

责任编辑：楚亚男　袁怡黄　　装帧设计：刘　莹

责任校对：张琦锋　　责任监印：刘　冬

社长：黄　俭　　总编辑：白　冰

出版发行：接力出版社　　社址：广西南宁市园湖南路 9 号　　邮编：530022

电话：010-65546561（发行部）　　传真：010-65545210（发行部）

http://www.jielibj.com　　E-mail:jieli@jielibook.com

经销：新华书店　　印制：北京鑫丰华彩印有限公司

开本：710 毫米 ×1000 毫米　1/16　　印张：14.25　　字数：200 千字

版次：2020 年 3 月第 1 版　　印次：2020 年 3 月第 1 次印刷

印数：00 001—30 000 册　　定价：49.80 元

目 录

Contents

前 言

Preface

让每个孩子都快乐、成功地长大

二十世纪九十年代，我在做完一系列的公益演讲之后，决定在台北成立“青少年免费咨询中心”，因为很多人反映自己在亲子教育方面有严重问题，不好意思在公开场合提问，必须私下讲。

通过简单的申请手续，有问题的孩子可以由家长或老师带来咨询中心，我除了跟孩子单独谈话，也会把家长或老师单独请进咨询室，听听他们的想法。老师多半很客观，那些家长可就不同了，他们往往一开口，就说：“刘老师救救我，我都要发疯了！”问题是，这也常是他们的孩子对我说的第一句话。

那些家长不是不爱孩子，他们的要求多半合理。孩子也都很有礼貌，不像父母形容的那样糟糕。只是父母付出得越多，要求得越多；牺牲得越多，不平衡得越多。结果是：爱得越深，伤得越深；因为以生命去爱，所以不惜拼上生命。

如同一个女孩对我说的：“我妈妈拿着刀，对准她自己的心脏，说要死在我面前。我能不屈服吗？如果我不爱她，她死了正好。问题是我爱她啊！我只能屈服。”

还有个女孩哭着对我说：“我妈动不动就说她后悔生了我，要我最好死在外面，别回来！她过去总说她爱我，怎么突然又后悔生了我？她难道不爱我了吗？”

更糟糕的是有些父母的“毒舌”还带着侮辱，比如：“你这么胖，不遮一遮，好意思出去吗？你好意思，我可不好意思跟你一起走。”尤其是当一个身材苗条的妈妈对女儿这么说的时候，似乎显示她在跟女儿比美。难道她是以鄙视女儿来彰显自己？孩子是她生的，不是她的敌人。当全世界都否定她的孩子的时候，肯定孩子的应该是她啊！

更普遍的是拿别人家的孩子贬抑自己的孩子，说人家的孩子成绩多好，自己的孩子成绩多差，害得自己出门都抬不起头了。父母比来比去已经伤了孩子的自尊，说父母不敢抬头，更伤孩子的心，因为那显示父母最在乎的不是孩子，而是他们自己的面子。

从事教育咨询几十年，我仍然不解，为什么相爱的人总是彼此折磨？多少一等一的创意，硬是被“自作聪明”的父母糟蹋了。多少好幼苗，硬是被想要让孩子“赢在起跑线”的父母伤害了。父母要孩子赢，是为孩子，还是为自己的虚荣？又或是因为这个世界太急功近利，大家比来比去，使得亲子之间的爱变了质？

童年应该是美好的，问题是，当孩子才上幼儿园，爸妈已经在打听补习班，孩子无忧无虑的童年还能剩下多少？当我们只肯定那几所学校，挤不进去的孩子就要被认为无望了吗？

人各有长，不必死心眼地朝一个地方钻。父母只要了解孩子的长处，个个孩子都可以是天才；每个孩子朝着自己的长处去努力，个个都能走出一条自己的路。

从小到大，许多人赞美我是天才，他们明明知道我的功课常不及格，却这么说，是因为我在课外有不错的表现。我常想，如果我母亲没有在听说我有两科要补考的时候，只是淡淡一笑说："你暑假不会无聊了！"如果她没有给我足够的自由和空间，我可能有今天吗？

我确实没有能力跟别人拼"数理化"，但是除了"数理化"，这个世界大得足够我驰骋！

大概受了母亲的影响，我也给儿女很大的空间。

我的儿子当年哈佛念一半，突然说要休学去阿拉斯加，我说："去啊！"还带着太太跟他妹妹陪他前往北极圈。我的女儿哥伦比亚大学毕业，一个人当背包族去欧洲旅行，再从华沙飞北京，连工作都没找到，居然说要留在北京了，而且一待就是三年。

我确实不放心，但是我也知道：孩子大了，翅膀硬了，能飞就让他飞吧！而且就算给他准备行囊，也不能太重，免得压垮他。

过去几十年，我写了很多励志书，教年轻人积极向上，但是我一直想为广大父母写一本书，不是教他们怎么逼孩子成功，而是教他们怎么让孩子健康快乐地成长。

去年我在"十点课堂"开了《刘墉谈处世的四十堂课》，收到很多朋友的来信提问，居然多半问的不是处世，而是亲子教育，其中有许多孩子刚进幼儿园，爸妈居然已经在操心他们未来的功课，这越发坚定我做这件事的决心。

在这本书中，我会从孩子的诞生开始，谈父母应该怎么配合宝宝的听觉、视觉、触觉和大脑的发育，做好早期教育；谈慎重选择宝宝看的电视节目，安抚却不至于过度娇宠孩子的原则；接着谈学龄前孩子教育要注意的事情，让孩子提前入学，会不会是让他们赢在起跑线的好方法？音乐、美术和语文教育，对孩子的大脑开发有什么帮助？哪些教养是从孩子早期就该培养的？教孩子说话有哪些需要特别注意的地方？

可能有些朋友会问我为什么要花那么多时间谈教小宝宝，那是因为学龄前的教育太重要了，从宝宝出生开始就不能马虎。对于孩子已经大了的父母，认识早期教育也有帮助，那可能会使你了解，原来孩子今天的问题是早期教育偏差造成的，你可以因此更谅解孩子，并且寻求弥补的方法。

至于孩子正式入学之后，我会谈该怎么帮助孩子跟老师、同学沟通，基本的家庭教养、自我防护、惩处原则……对于更大的孩子，我会谈青春期恋爱、性教育、课外活动，也会告诉大家我学生时代临时抱佛脚、加强记忆的读书方法。尤其重要的是，我认为人各有才，每个孩子都跟别人不一样，家长或老师都不能把孩子硬往几个模子里塞。未来人们的寿命更长了，选择更多了，不能再用老一辈的人生规划来束缚孩子，也不能再用“嘴上无毛，办事不牢”的刻板印象来看待“新新人类”。

我很幸运，二十三岁就有了儿子，儿子高中三年级，我又生了女儿，女儿大学毕业后我又有了孙女和孙子，加上我在美国大学教书，在中国各地教学，使我几十年来不断跟大孩子、小宝宝接触，总能有亲身的感触。这些文章都是从我的感触出发，里面有我不吐不快的东西，也有我对生命的礼赞！里面或许有很多心理学的理论，但是我都使用了浅白的语言来阐释。谢谢我在哈佛大学学心理学的儿子刘轩，和专攻特殊教育的内妹毕竹筠，他们都是我写作教育心理内容时咨询的对象。更谢谢广大的网友，因为我在写作前常常做网上调查，总能得到大家热烈的回响。

人生是美好的！我们来到这个世界，是来创造、来发挥、来享用、来延续、来快快乐乐过一生的，而不是打着成功发财的招牌，把别人踩在脚下，自己辛劳一辈子的。

每个孩子都能成功！每个孩子都该成功！只要你能肯定他，引领他，不干扰他，让他发挥，他就能让你刮目相看。

这本书是我一生从事教育的心得，希望大家喜欢。

刘墉

第一篇

一个宝宝的诞生，
也是一个妈妈的诞生

❶ 婴儿期爱的传递：孩子来到这个世界，会不会很紧张？

虽然大多数父母最关心的是青春期子女的教养和学业问题，但我还是决定从宝宝诞生谈起。这是因为孩子从诞生的那一刻，就开始探索“新世界”、感受妈妈爸爸和周遭人的爱。他们起初虽然看不清，但是会追随照顾者的轮廓。他们出生时就能听，尤其喜欢在肚子里就熟悉的妈妈的声音。

襁褓中的婴儿绝对不是一无所知，而是心里有数，你忽略他，漠视他，责骂他，都可能给他留下不好的印象，他要从你的爱和肯定中肯定他自己：“看！妈妈多爱我！她除了喂我吃，还对我说，对我笑，搂搂又抱抱，因为我是可爱的。”这种肯定能够让宝宝更有安全感，发育得更好，甚至长大之后更有自信。婴儿期的教养非常重要，不该是照本宣科，而是爱的传递。

说个悬疑又惊悚的故事给你听！

这个故事的主角居然是你，但你现在已经不记得。

很早很早以前，你住在一个“水晶宫”里，四周都是水，你浮在里面，地方虽然不大，所幸墙壁是有弹性的，能够让你伸展拳脚。多数时候你蜷缩着，但也有时候向左漂，有时候向右漂，起先头朝上，后来头朝下。

·吃喝有快递，室内有恒温

“水晶宫”里的条件好极了！你不必开口，也无须伸手，吃的喝的就会送到。你甚至不用费力去呼吸，“房东”早安排了一根管子，把你需要的各种补给品送去给你。连厕所你都不必上，垃圾更不必倒，那根管子也把你不用的废物一声不响地运走。

“水晶宫”是二十四小时恒温控制的，除了水的流动和一种很规则的怦怦的节拍，你还能隔墙听到“房东”“下水道”的哗哗流动声和“空气净化机”的呼呼声。更有令你好奇的音乐和说话声从四周隔着墙传来。所以，虽然“水晶宫”里黑黑的，你不能看，但是你早就能听了，你甚至能偷偷学，熟悉“房东”的语调，适应隔墙传来的音乐与节拍。

·突然来了拆迁大队

但是有一天灾难临头，“房东”在完全无预警的情况下，突然逼你搬家。而且强制执行，你不动，她就挤压你的房子，让房子变形，“水晶宫”里的水也流失了。

“房东”狠心地推你出去，把你推向一个窄小的隧道，隧道很窄，你的头很大，房东却拼命把你推进去。当你通过隧道的时候，四周挤压的力量，几乎让你窒息。

你终于冲出隧道了，只见外面一片光亮，即使你闭着眼，也还是觉得刺眼，而且发现你的那根“补给管”和“水晶宫”都被房东扔了出来。

原先那么好的“房东”居然说翻脸就翻脸，她是真不要你了。

外面除了刺眼，还很凉，让已经适应“水晶宫”恒温调控的你受不了。

天哪！居然有人把你过去赖以维生的“补给管”也切断了，还把你的嘴清空。她甚至狠狠地给你两巴掌，大概是给“新人”的下马威吧！

你再坚强也受不了了，终于扯开嗓子大哭。

·生命中的第一餐

没了“水晶宫”的保护，你被上上下下前后左右擦来擦去，居然有人嫌你的“水晶宫”不干净？你抗议，哭得更大声了。

所幸这时候又有一双手把你抓起来，送给另一双手。那双手没戴手套，好温暖！把你放在软软的胸前。多熟悉啊！你又听到那怦怦的节拍，还有“房东”说话的声音。没了“水晶宫”围墙的阻挡，声音清楚多了。你被那双温暖的手搂着，一边是双臂环绕，一边是柔软的胸膛。

你不哭了，心想：好险哪！以为“房东”真不要我了，现在才知道，她还是爱我的，而且……她把一个软软圆圆的东西塞进我嘴里，我舔一舔、吸一吸。你在心里喊：多美啊！我生命中的第一餐——妈妈的乳汁！

·婴儿房与保温箱

乍一看，前面我写的是一篇唯美的散文，但散文记录的每件事都是真实的。那惊悚的过程，是我们每个人都经历过的，只是不一定都能这么美好。

有些人离开“水晶宫”，就被带去洗澡、穿衣服，送进婴儿房，里面好多也被“房东”踢出来的小鬼，这个哭，那个哭，吵死了！于是你也跟着哭。隔了很久，才被放上小车，送去给妈妈。

也有人很早就被“房东”踢出来，因为不足月，才出了“水晶宫”就进了保温箱的玻璃屋，隔了好多天才见到妈妈。

更可怜的是“房东”不见了，虽然这个抱、那个抱，你都挺喜欢，但你还是怀念那个“房东”。她很少出现，你熟悉的声音也很少传来。可能“房东”不见了，你不得不跟“房东”的“房东”（就是你的外婆），甚至毫不相关的人过日子。

·新生儿的震撼

让我们回头想想，宝宝离开母体的那一刻，对他是多大的震撼！

就那么一刻，虽然宝宝后来不记得，但是那遭遇会不会在心底留下印记？

越来越多的科学研究发现宝宝在胎儿阶段就会听了，甚至能分辨妈妈的声音。也发现，宝宝生下来如果能很快被交到妈妈手上，被妈妈抱在胸前，甚至吸上一口奶，对宝宝会是莫大的安抚！

各位统计一下，绝大多数的人抱孩子，是不是都把宝宝的头放在左胸的位置？

因为那里最接近心脏，心脏的跳动声最能让宝宝安心。

还有，宝宝是不是都爱被抚摸？人们早就发现新生儿原本哭得很厉害，一抚摸，哭声就小了，甚至停下来。

宝宝当然也喜欢被抱抱，因为双手双臂包围着，像“水晶宫”，四周是软软的保护墙，最有安全感。

宝宝也爱被拍拍，如同一直亮着的灯让人渐渐没感觉，反而是一亮一灭的灯光总会让你注意。拍拍，让宝宝更感觉到被照顾、被关心，好像那只轻拍自己的手不断在说：“你没有被忘记！好好睡！别担心，你一直在被疼爱。”

·第一次接触妈妈的双手

在写这篇文章之前，我在新浪微博询问了大家的经验。我问：“产妇在医院分娩，宝宝生下来之后，是先带去洗澡，送到育婴室，隔一阵才送去给妈妈喂奶，还是洗完澡，或者只把羊水擦干净，就立刻交给妈妈？”

问题发出之后，仅仅两天就有一百万人阅读，多达两千三百多人回答。令我惊讶的是，大部分答案是尽快送给妈妈抱着，甚至提出此时就让妈妈喂奶。

这让我想起我儿子出生的时候，医生先给我太太看看孩子屁股，是男是女，接着就把孩子送去育婴室，隔了很久，大概是确定婴儿和产妇稳定之后，才让母子相聚。

至于我女儿，是在纽约西奈山医院出生的，她脱离产道时，医生还在急着戴手套，我记忆中是戴手套啪啦啪啦的声响和女儿哇哇的哭声。医生把我女儿交到护士手上，护士一转身又交给我，指指旁边的小床，要我放在上面。

我双手抓着滑溜溜的小东西，她浑身都是黏黏的羊水，红红的、烫烫的，一直颤抖，好像个小小的发电机。

护士又交给我一管眼药，要我点在女儿的眼睛里。问题是小宝宝一边猛哭，一边发抖，紧紧闭着眼睛，眼皮又那么滑，我拨半天拨不开，喊护士。

护士正在记录婴儿出生的单子，没抬头，对我说："用力拨！宝宝很结实，不结实就来不了这个世界。"

接着，她接过宝宝，三下两下用块布擦一擦，就转身递给了我太太。

多奇妙啊！原本大哭的宝宝，哭声慢慢变小，不哭了，静静贴在妈妈的胸前。

"一个宝宝的诞生，也是一个妈妈的诞生。"

今天写这篇文章，重温往日的画面，我越来越能体会一个宝宝出生时受到的心灵震撼，也越来越觉得抚育、养育、教育，是从出生那一刻起，甚至出生之前就要注意的。

② 为什么孩子总是哭：多拍拍、抱抱、摇摇、走走

很多“过来人”会警告新手父母：“别宝宝一哭就去抱，一抱他就学坏了，以后变得非抱不可。”

也有很多父母抱怨：“这宝宝被惯坏了，整天哭，一哭就得抱，一抱就不哭。后来更坏了，不但得抱，还得抱着走，抱着摇，一放在床上就哭！”

·宝宝要抱抱，有什么错？

宝宝该不该抱？没有标准答案，因为其中的学问大了！那对于刚出生的婴儿来说，抱抱拍拍、摸摸摇摇，有什么道理，有什么好处呢？

首先让我们想想，当宝宝在妈妈的肚子里，一天二十四个小时，接连两百多天都被抱、被摇，而且是悬浮在羊水里，那“摇”可舒服极了！

已经被娇惯了两百多天的宝宝，如果他要抱抱，有什么错？如果他一离开妈妈的肚子，就被打入冷宫，我们设身处地地想想，那宝宝会不会感觉孤独无助？他小小的心灵会不会紧张？他生存的本能会怎么表现？

小狗的心灵

让我先举两个小动物的例子。

我在纽约很想养一只贵宾狗，有人对我说，别去一般宠物店买，因为不知来路，不知会不会是近亲繁殖、会不会有病，最好去找专门培育贵宾狗的

地方。

于是我上网先找到贵宾狗协会，再找到繁殖贵宾狗的家庭。

那可确实是家庭哟！他们的要价很高，一开口就强调那是他们家里带的，不像农场是集体放养的。

我问，那有什么不同？

对方说，差异可大了！小狗从刚出生就跟着狗妈妈，被狗妈妈疼爱，被主人照顾，活在“爱”当中，这样的小狗当然不一样，它们长得更快、长得更好、更活泼，也更喜欢与人亲近。不像农场式的养法，小狗被圈在拥挤的地方，根本不知道跟人在一起的感觉，更不熟悉家庭的氛围，使童年的“狗格”不健康。

铁丝猴子和棉布猴子

再让我们看看美国威斯康星大学做的著名实验。

一只小猴子出生了。实验人员把小猴子带离妈妈身边，交给两个假的代理妈妈：一个是用铁丝编成的母猴子，怀里放着奶瓶；另外一个是用软软的棉布做的母猴子，怀里没有奶瓶。结果小猴子会到铁丝妈妈那里吸奶，再回到棉布妈妈的怀里。如果棉布妈妈身上也装个奶瓶，小猴子就再也不会去铁丝妈妈那里。而当实验人员吓小猴子，小猴子会躲到棉布妈妈那里，不去找铁丝妈妈寻求保护。碰上陌生的东西，如果笼子里只有铁丝妈妈，小猴子会比较畏缩。相对地，如果棉布妈妈在旁边，小猴子则比较能够克服恐惧，探索新的东西。

尽管如此，棉布妈妈还是不能完全取代真妈妈，由真妈妈带大的小猴子还是更健康。

由这个实验可以知道，小猴子除了要吃，更需要温暖、柔软带给它的安全感。

神奇的抚摸

从刚才说的这两个事例可以知道，爱是要被培养、被激发的。即使是一只狗，你从小爱它，照顾它，对它说话，让它生活在美好的氛围中，相较于你不管它，只喂食，不爱它，给它冷冷的触感，它长大之后当然会不一样。

小动物如此，小宝宝更是这样。在妈妈肚子里，他们感觉被拥抱、被疼爱，诞生之后，进入陌生环境，他们当然更要被拥抱、被疼爱，还有被抚摸、被拍拍、被摇摇。

我曾经看到过这么一则新闻：一位加拿大的妈妈生下早产儿，宝宝没有呼吸，但是妈妈坚持把他抱在自己胸前，不断对这个早逝的小生命说出妈妈的爱和不舍，经过两个小时，小宝宝居然开始呼吸了。

医院里都有“婴儿保温箱”，早产的宝宝会暂时住在里面。那保温箱虽然恒温恒湿，模拟妈妈肚子里的环境，但护士们除了喂食、换尿布、更衣，还有一样重要的工作，就是常常伸手进去抚摸早产儿。这种抚摸非常重要，因为会使婴儿长得快且更健康！

·当妈妈不在的时候

你或许见过猫狗生产，一胎生下好多小猫、小狗，偎在妈妈的肚子上。它们的眼睛虽然没睁开，却会不断寻找妈妈的乳头。

当狗妈妈、猫妈妈离开的时候，那些小东西还会不断找乳头，或者爬来爬去吗？

不！它们会依偎在一起，几乎一动也不动地睡觉。

如果你没见过这一幕，总见过动物影片里狮子、老虎在洞穴里的画面吧？那些初生的小狮子、小老虎，是不是跟小猫、小狗一样，当妈妈离开的时候，它们就一动也不动？

"一动也不动"，是它们的本能。因为当妈妈离开（或许爸爸也不在）的时候，它们失去了安全感，它们有一种恐惧——妈妈什么时候回来？妈妈会不会不回来？

因为这恐惧，它们必须保留体力，降低新陈代谢，使自己能撑到妈妈回来。

当妈妈回来，那些小东西就"活起来"了。妈妈除了喂奶，还会做什么？相信大家在影片里都见过——

妈妈会不断舔自己的宝宝！

那"舔"就是抚爱啊！告诉小狮子、小老虎："不要怕、不要怕！妈妈在你身边，喂你吃，保护你，让你快快长大。"

·让妈妈带着跑的本能

知道了这一点，你就应该知道了为什么宝宝需要被抱抱、被拍拍、被摇摇，需要妈妈爸爸对他不断倾诉爱！

你也当然可以想到，如果把初生的宝宝往床上一扔，他哭也尽量不去管他，只按时喂喂食物、换尿布是不够的。要想让小宝宝长得快、长得好，有健康的心灵，照顾的人必须抚摸他、抱他。

或许有人要问，摸摸抱抱也就够了，小鬼为什么那么不知足？不但要抱，还得抱着摇、抱着走。为什么很多宝宝抱起来还哭，一摇、一走就不哭了？

这道理很简单，你看看小动物就知道。

当母猫生了一窝小猫，被你发现了，或被人打扰了，母猫是不是会搬家，把小猫带到比较隐秘的地方？它们没有手，不能抱，猫妈妈怎么搬动小猫？

它把小猫叼起来对不对？

当猫妈妈用嘴叼着小猫走，那小猫会不会像趴在妈妈肚子上吃奶的时候一样，扭来扭去？

不会！他们看起来松软得没了骨头。这是本能啊！

许多动物，比如猴子，在它们幼小的时候，别的力量不大，抓的力量却很大，因为它们要抓着妈妈的毛皮。妈妈在树间跳来跳去，小猴子都得紧紧抓住妈妈，不让自己掉下来，这是与生俱来的求生本能。也可以说千年万代下来，那些手上没力气、抓不住妈妈的都早早被淘汰了。

·在妈妈肚子里旅行

现在你应该了解，为什么小宝宝需要被抱、被摸、被拍、被摇，甚至被抱着走，一走就不哭了吧！

而且，在妈妈肚子里，他就被摇，被带着四处走。有些活跃的妈妈甚至带着肚子里的宝宝爬山、骑马呢！

什么场面宝宝没见过？你把他抱起来，拍拍、摇摇、走来走去，算什么啊？只要宝宝要求的不过分，就给这个新来的宝宝几分特别的宠爱吧。让他觉得这个世界好可爱，每个人都欢迎他、疼爱他，让他在无比安全的环境当中，尽力吸收营养，汲取知识，快快地长大！

③ 别把宝宝关"禁闭"：家里环境没你想的那么糟糕

我有位美国学生，一年前有了宝宝，他很得意地对我说，宝宝还没抱回家，他已经花了上千美元，请专家为宝宝拟了一份"作息表"。几点钟喂奶，几点钟洗澡，一天喂几次，分几段时间睡觉，全部严格照办。而且他们把宝宝单独放在一个房间，有很好的隔音、恒温和监控设备，他们两口子透过监控，就能知道宝宝的一举一动。除了起初两个星期，宝宝比较不稳定，后来就真能养成规律，好带极了！这样做，宝宝能从初生就学会独立，爸爸妈妈也比较有私人生活。

他讲得似乎很有道理，但是我们也可以从下面几点来考虑，看看会不会有其他更好的选择。

·宝宝天生怕吵吗？

他们说婴儿房有很好的隔音，所以宝宝睡得好。问题是宝宝在妈妈肚子里会很安静吗？只怕是吵极了！妈妈血液的流动，心脏的跳动，讲话的声音，呼吸的声音，肠胃蠕动的声音，还有隔着肚皮，从外面传来的各种声音，非但不安静，而且吵极了！妈妈咳嗽和打喷嚏的声音更大，加上震动，据说能让胎儿在羊水里改变位置，这不等于地震吗？

从这么吵的地方，一下子降入人间，本来妈妈说话的声音应该听得更清楚了，人们谈话、走动的声音也应该更实在了，但是碰上我学生那样的父母，特别安排了隔音房，把宝宝一个人放在里面，多数时间什么也听不到，只有监视器在偷看。

宝宝能适应吗？这种感觉好吗？失去了跟外界大半的联系，会不会有点像关禁闭？

·偷偷学习的小天才

婴儿最早发育的感觉，除了触觉就是听觉了。据研究，胎儿已经能够认识妈妈的声音，诞生之后，对妈妈说话的声音会特别有感觉，甚至有研究结果显示，怀孕后期对着胎儿播放某种特别的音乐，诞生之后宝宝对那旋律有特别的反应。如果婴儿期宝宝处在某种语言环境中，就算两三岁就被送给别人，完全换了一种交流语言，等到孩子成年，学习婴儿时熟悉的那种语言，也会比完全不曾接触过的人快得多，甚至腔调都抓得更准。

许多研究发现，宝宝刚生下来时好像整天在睡觉，什么也不懂，但其实他们已经在适应环境，连四周人说话的语法都会被宝宝吸收。他们的心灵像一张白纸，可以留下最微小的印记，他们的大脑神经元的联结正在快速建立，有着最大的可塑性。

因此，小宝宝能很快听懂大人说的意思，而且一岁多就开始说话。细细想，他们从零开始，从一无所知到能把语言组合起来，表达他们的意愿，这发展的速度简直是令人难以置信啊！

所以，我们总是把宝宝关在他自己的房间，以为隔音造成的“无声”效果，能使他们睡得更稳的时候，也可能剥夺了他们跟外界的接触，使他们失去吸收的机会。

·总让宝宝感觉你在身边

进一步想，在人类历史上，有几个宝宝能在隔音的房间里长大啊！即使到今天，世界上多数的人家还是大家挤在一个房间里。

请不要惊讶！你要想想那些贫穷落后的国家，或者把我们自己推回四十年前，是不是也可能一家老小挤在一两间小房子里？

人类千年万代，生下的宝宝多半是在自然的家庭氛围里长大，没有人为他们设置隔音房，大家小时候都因此而睡不好吗？大家都会因此而发育不良，有人格上的问题吗？

只怕他们比那些娇生惯养，在隔音环境中长大的小孩，在心灵上更健康！

为什么？

因为宝宝从娘胎到诞生之后，身处的环境没有大的改变，他们幼小的心灵比较容易适应。

更重要的是，当宝宝总能听到四周的声音（除非那是突发的巨大声响，会惊吓到宝宝），反而让他比较安心。举个例子，一个被独自关在小隔音房间里的宝宝，跟一个放在大人房间，总是听到妈妈和家人说话的宝宝相比，谁比较容易感觉到四周有可以照顾自己的人？谁比较有安全感？

或许有人会说，独自睡小房间的宝宝一哭，我们在监视器里发现，就会跑去他的房间照顾他，有什么不同？

只怕差异大了！如果宝宝不哭，就一个人待在他的小房间里，宝宝一哭你就去抱他拍他，时间久了，会导致他用哭的方式来呼唤大人。

相对地，如果时不时地传来大人的声音，他知道妈妈爸爸或照顾他的人总在四周，反而不需要用哭来确定大人在不在。

对幼儿最好的心灵教育，不是当他哭喊的时候你会在，而是当他需要的时候，你会在。

·宝宝睡哪儿好？

顺着这条思路往下想，婴儿床最好放在什么地方？

如果你家宝宝有单独的房间，婴儿床确实可以放在里面。但我建议白天应该把门打开或半开，让外面的声音多少传进去。你也可以在白天的时候，把婴儿床推出来，让他熟悉家里的声音。或者用婴儿车把宝宝推到室外，让他接触大自然。

夜晚，你可以把宝宝推回他自己的房间，或者把婴儿床放在你的床旁边，让宝宝总能听到你的声音，你也总能听到他的声音。

有一派理论，认为宝宝跟大人睡一张床是非常好的，因为有些初生的孩子有"呼吸中止"的毛病，跟在大人身边比较容易察觉，甚至宝宝可以从大人的呼吸当中感觉呼吸的频率，更好地建立他们的生理节奏。据统计，美国的"婴儿猝死率"（SIDS）达到千分之二，是日本的十倍，很可能就因为美国也是让婴儿"单独睡"最多的国家。

跟宝宝同睡一张床的大人，还有个好处，是能传递给宝宝体温，随时伸手摸摸宝宝，这让大人跟宝宝都能减少"不确定感"。宝宝就在身边！大人就在旁边！如果又是跟妈妈同睡，妈妈就在身边，这是多幸福的感觉啊！据说跟妈妈同床睡的婴儿吃奶的量远远超过单独睡的，宝宝吃得多，又有安全感，当然应该长得比较好。（只是父母跟婴儿同睡一张床，必须保持距离，空间不能太狭窄，以免压伤孩子。）

·增强孩子对环境的适应力

我再说个我家的故事。

我的儿子刘轩，虽然在美国长大，但几年前居然斗胆参加国内的《我是演说家》电视节目，而且侥幸拿了冠军。其实他用英语演讲的能力可能更强，高中时曾经拿过全纽约市的演讲比赛冠军。

只是接下来，他代表纽约市参加纽约州的比赛，就垮了！

原因是，从小他在家里，我们全家就宠着他，只要他睡觉，大人连开门关门都像做贼似的，更别说看电视了。但当他去纽约州首府奥尔巴尼参加大赛的时候，是跟大家一起住宿舍。

一群高中孩子很闹腾，吵到很晚才睡，别人呼呼大睡，刘轩却习惯了安静，整夜失眠，第二天稀里糊涂，表现失常了！

就在他参加大赛的第二年，比他小十七岁的妹妹出生了。

有了哥哥的教训，女儿从医院回到家，我就把她放在我卧室的小床上，小床有轮子，白天都推到客厅。可以说，会不断传来电视的声音、大人交谈的声音，甚至旁边厨房的刀铲锅碗叮叮当当的声音。

如我前面所说，宝宝在娘胎里周围的环境就够嘈杂的，在医院育婴房里更是这个哭、那个喊，吵成一片，她回到家，四周的声音全是她以前“隔着妈妈肚皮”熟悉的，所以她睡得好极了！

当她上中学时，就算她在做功课，我们也不会像以前对她哥哥那样全家看“哑巴电视”，甚至因为老人耳朵不好，外公外婆把电视开得更响。有一天我问女儿会不会太吵，影响她做作业。

女儿一脸不解地问：“吵？我没有觉得啊！”

后来她上了大学。有一天我打电话过去，传来震天的音乐声，连她说话都听不清，我问怎么回事，她说她的室友正在开派对，屋里挤了一堆人。我又问她在做什么。

她说：“我坐在床上看书，明天要考试。”

我的女儿和儿子，为什么对环境的适应力有这么大的不同？孩子总有一天要走向外面的世界，那里的人不会为他看“哑巴电视”、蹑手蹑脚走路，你是不是应该从小就教他适应？我这么说，不是说要从小就在孩子床边敲锣打鼓，而是要给他一个自然的环境。

·从出生的第一天开始，孩子就向远处走去

什么是最好的家庭教育？

能让孩子适应社会的教育最好！因为孩子从出生的第一天开始，就不会再躲回妈妈的肚子，而是逐渐离开妈妈、离开爸爸、离开家，走向外面的世界，所以，无论是学校教育还是家庭教育，都应该以孩子面对的世界为目标。上学期间，他要能适应学校；毕业之后，他要能适应社会。

每个孩子都是为父母生的、为家族生的，也是为世界生的。你可以想象一个画面，从外层空间看地球，看到你家，看到小小的婴儿床，你的小宝宝睡在床上，睡在你家，也睡在大大的地球、世界的中央。

是谁把他带到这个世界上来的？是你啊！你为这个世界带来无穷的希望，宝宝就是希望！是谁把世界带给宝宝？也是你啊！你把世界带到宝宝的面前。这是让他未来享受、发挥和创造的地方！

4 “爱的催眠曲”：让孩子停止哭闹的魔法

我有位初中同学，他爸爸是儿科的名医，有一回他表情沮丧地来到学校，说前一天被他老爸狠狠“修理”了。其实他只是跟他爸爸顶了一句嘴，偏巧他爸爸当天在医院不高兴，火气正大，就打了他一巴掌。

事情是这样的，当天有对夫妻抱着一个大哭不止的婴儿去看病，医生请妈妈抱着婴儿进去，因为诊室不大，婴儿的爸爸只好坐在外面等。

医生把婴儿放在床上，先检查了一下身上，摸了摸、敲了敲，婴儿还是大哭不止，医生就静静地站在床边盯着看。这时候等在外面的爸爸着急了，推开诊室的门问:“怎么还在哭？医生在干什么？”

婴儿的妈妈回头说：“医生在看宝宝哭！”

那位爸爸就气得快要爆炸了，冲进诊室对着医生大吼，幸亏被护士挡住。

医生转身安抚那个男人：“我确实是在看孩子哭啊！你的孩子才一个月，会讲话吗？会说他哪里不舒服吗？他确实会讲话，他讲的话就是哭，所以我得看他哭，从他哭的样子看他哪里不舒服。”

最后医生找出了病因，那对夫妻抱着宝宝走了。问题是医生的火没消，憋了一肚子气回到家，进门就大声说：“我不看他哭，还看他笑吗？居然还想揍我？”

接着，我同学就挨了揍。

·宝宝是天才演员

我之前讲过，对初生的宝宝，抱抱、摇摇和抚摸会让他们有安全感、长得更好，但是当宝宝比较大了，譬如六个月以上，就不见得要常抱了，尤其不必一哭就抱。为什么？

第一，你要训练他独立。

别看宝宝好像什么都不懂，其实他们聪明得很！不知你有没有看过网上被很多人转发的一个生活短片：

小宝宝在地板上跟妈妈玩，妈妈才站起身要离开，那宝宝就开始哭，妈妈走得越远，宝宝哭得越大声。可是当妈妈真出去了，那宝宝就不哭了，低下头自己玩。这时候妈妈从门外探头看了一下，才那么一瞬间，宝宝发现了，又开始哭，哭得好大声。妈妈把头缩回去，宝宝看了门口两眼，看不到妈妈，立刻不哭了，又低下头自己玩。

如果宝宝一哭，大人就紧张，立刻这个哄、那个抱，宝宝很快就能学会表演这一招，甚至四五岁的孩子也会这样做。所以，不要宝宝一哭就抱，别养成他这种依赖性。相对地，也给大人留一点儿自由。

但这当中有个条件，就是你可以不陪他，却不能不随时注意他，也可以说家里有小孩，总要有大人在，以免发生意外。正因此，美国法律规定，不能把十三岁以下的孩子单独留在家，如果家里有小孩，父母出门一定要请人照顾孩子。

提到父母出门，把孩子留在家，就算有人管，父母最好也跟孩子说一声，比如：“妈妈出去一下，很快回来，你跟阿姨在家，要乖。”

父母不能因为怕孩子哭闹，每次都偷偷溜掉。这会造成孩子没有安全感，给他一种妈妈爸爸随时会消失的错觉。如果父母要出远门，或者保姆辞职不做了，也得跟孩子讲清楚，不能不告而别。这是因为在孩子的心里，一个照顾她三四年的阿姨突然消失，再也没回来，孩子心里会不安，甚至留下阴影，让他一生都缺乏安全感。

没错！孩子在家，你要出门，他确实可能哭，搞不好还会大哭。但是只要你讲信用，到时候就回来，次数多了，孩子就会好一些，因为他对你有了信心。

第二，当孩子大了一些，他哭，你只要知道没什么事，可以先不过去，让他哭一阵，再去照顾他。这样做是要让他知道，不是一哭就有人抱，这个世界不是尽如人意的。

话说回来，宝宝哭，快速深呼吸，加上手脚挥舞，还能有运动的效果。

·要发现真正的问题

第三，宝宝哭，不立刻抱，有时是为了像前面提的那位儿科医生，得先看看、检查一下宝宝哪里不对劲。有经验的大人能从宝宝哭的样子和声音中，知道他是饿了还是拉了。如果宝宝一哭，你看都没看就抱，虽然他可能暂时不哭，但问题没解决，放下去他还会哭。

第四，不要宝宝一哭就抱，也常是为了让他养成好习惯。

·可以不抱，但是要“顾”

谈到让宝宝有安全感，除了让他感觉有大人在身边，还有一点就是当他大哭的时候，你可以不抱他，却一定要“顾”他。确定他没什么问题时，再轻轻拍，或者对他小声说：“宝宝好好睡！妈妈在！宝宝乖乖……”很可能话没说完，宝宝就睡着了。

对小宝宝轻柔地说话，尤其对新生儿是极有好处的。

你想想，宝宝在妈妈肚子里是不是总听到妈妈说话的声音？当他突然离开妈妈温暖的肚子，离开二十四小时的抱抱摇摇，来到这个陌生的世界，加上初生的时候，眼睛还看不清楚，是不是好像把他一个人扔到了洞穴里？

当他紧张害怕、孤独无助的时候，就算还没人过来抱抱他、摸摸他，但是从不远处传来人声，尤其是妈妈的声音，他会不会也好像在黑洞里见到了光明？救星来了！

所以，每个照顾宝宝的大人，尤其是妈妈，千万别忽略这一点！那些白天上班，只有晚上才能照顾宝宝的父母，更别失去这种对着孩子耳边轻轻说话的机会。要知道在耳边轻诉的亲密感，不但宝宝有，连大人都有。常常不必真说，只是贴近耳朵，感觉呼吸，就会让我们产生愉悦的感觉。

各位如果不信可以试一试，如果你的孩子比较大了，平常睡觉前你都对他喊："好好睡！""快点睡了！"今天你换个方式，走到他床边，对着他耳朵小声说："好好睡！晚安！"他的反应必定不一样，就算没立刻表现出来，心里也会感觉到温暖。

你可以因此了解，为什么西方父母常常在孩子入睡前，过去亲亲面颊，道一声晚安。你还可以了解为什么唱摇篮曲会帮助宝宝入睡，因为那歌声让宝宝知道：妈妈在这儿，妈妈陪着你，妈妈疼你！爱你！宝宝安心！

即使宝宝在你身边睡着了，你都可以对他轻轻说，轻轻唱："宝宝好漂亮、宝宝好可爱……"如同催眠一样，那声音更能触及宝宝的灵魂。

所以，当你因为忙碌了一整天都没见到宝宝，下班回家，就算宝宝已经熟睡，你也可以去看看他，对他说说话。

但是千万记住，你从公共场所回家，别一头冲到宝宝床边。一定要先脱去外套、洗手洗脸后，再接近宝宝。许多实例证明，从外面带来的细菌和病毒，容易造成宝宝感染。最近我看新闻，有个宝宝，只因为被亲了一下，感染了疱疹病毒而死亡。很多人有亲亲别人宝宝，或者叫宝宝亲亲别人的习惯，但如果环境不够干净，尤其传染病盛行的时候，大人就需要注意了。当你带宝宝出去，有人过来亲宝宝的时候，你可以用婉转的方式回避，比如说孩子认生。你更不必主动要孩子过去抱抱亲亲叔叔、阿姨。

请别说我操太多心，这关乎孩子健康，就算亲吻是习俗，我也不能不说。

5 给予孩子关爱的眼神

我们之前谈到新生宝宝的触觉和听觉，今天要谈的是视觉。当我们把视觉、听觉和触觉放在一起时，就更完整了！

新生儿的视觉发育远在听觉和触觉之后，大概因为宝宝在妈妈肚子里时眼前是一片黑暗，他们很少睁开眼睛看，看也看不到什么，视觉发育当然比较慢。

据研究表明，新生儿只能感觉到光亮，过两天才能看见模糊的轮廓，接下来，他们就算视网膜发育得比较好了，也还不能对焦。这时候他们感应色彩的细胞也不成熟，可能只分得出红色和绿色。大约要到八个月大以后，视觉才能发育得比较成熟。

所以新生儿不认人，谁抱都差不多，但是孩子到八九个月大就会认生了。陌生人一抱就哭，甚至看到不认识的人也会哭。

尽管如此，据观察，新生儿已经会试着认识轮廓。出生只有两三天的喂母乳的宝宝看到妈妈的脸，嘴巴做出的吸吮动作，会比看到陌生人时明显得多。

也可以说，初生的宝宝已经大概认得那“喂他吃”的人。如果再加上熟悉了两百多天的“妈妈的说话声”，他表面好像懵懂无知，其实已经心里有数。

·带宝宝不是做功课

所以带宝宝的人要知道，别认为初生的宝宝什么都不懂，他哭的时候把他抱起来，塞个乳头或奶瓶到他嘴里，吃完之后，抱在肩上拍拍背、打打嗝，对照顾的人而言就是工作完毕了。

其实这时候宝宝已经很有感觉，他尤其需要感受你的爱：

“你在喂我的时候，有没有看着我？有没有露出很疼爱、很喜悦的表情？你有没有对我说话，说你爱我，或是唱歌给我听，让我开心？”

抑或他会想：“你为什么好像在应付我，从头到尾都没看我几眼？你为什么眼睛盯着电视，再不然在看手机，或者跟别人聊天？”

最糟糕的是碰上脾气坏的妈妈（或带他的人），非但不看他，没有对他“传递深深的爱”，而且骂这个、怨那个，甚至大声吵架。据儿童心理学家研究，那样对婴儿的心灵会有极大的伤害。

就连对着宝宝说话也有讲究。说话缺少感情，声调平平没什么变化的妈妈，对婴儿的影响就不大好。相对地，那些说话抑扬顿挫、好像唱歌一样的妈妈，则对婴儿有很大的安抚作用。

·情感依附的重要性

著名儿童心理学家温尼科特（Donald Woods Winnicott）有一句名言：“没有所谓婴儿这么简单的事。”婴儿不是孤立的个体，而是跟照顾他的人的合体。你不能只看一个婴儿的问题，任何时候都得把照顾他的人一起考虑进去。

也有很多对婴儿早期跟妈妈互动的研究认为，每个宝宝都有“情感依附”，几位西方心理学家甚至从一九六四年开始，观察了七十六个宝宝，用他们初生时跟家人的互动，与他们长到十八岁和三十岁时的表现再做比较，发现在婴儿时期情感依附的好坏，对孩子以后的成长会有相当大的影响。

那些会营造温馨的家庭环境、常盯着宝宝的眼睛看、对宝宝轻言细语的妈妈，更可能养出心理健康的宝贝。

这些宝贝长大之后可能更有同情心、同理心，遇到挫折更能冷静应对，他们与自己的孩子的关系也可能更亲密。

为什么宝宝那么小、好像什么都不懂的时候，已经能够感觉到大人的爱，甚至猜测大人的心情?

因为那是本能!

想想，如果你初到一个环境，新进一个单位，你什么人都不认识，是不是会战战兢兢?你会赶快找个比较投缘的人，跟他走近一点儿，对不对?

小宝宝何尝不是如此?前面说过，许多刚生下来的小动物，就会用力抓住妈妈的皮毛，免得摔下来。妈妈离开的时候则会静静等待，减少热量消耗，保留体能，等着外出的妈妈回来。

人是万物之灵，当然更是如此。还没出生，宝宝已经在听、在感觉、在吸收，出生之后更要找他熟悉的声音、认清照顾他的人。这是为了安全、为了生存，也可以说是本能啊!

知道了这一点，各位新手妈妈，还有照顾宝宝的爷爷奶奶、外公外婆们，就得反省了。你会不会认为小家伙什么都不懂，只把拍拍他、抱抱他、喂奶洗澡当成工作，把动作完成就好?你在喂奶的时候有没有专注于宝宝?抑或你总是分心，让他觉得你根本是在敷衍?如果还来得及，赶快改!

虽然有一派学说认为宝宝早期吃母乳的“吸吮经验”有助于人格成长，但是就算用奶瓶喂，只要大人拿着奶瓶，搂着小宝宝，像在母亲怀里哺乳一样，而且用慈祥的眼神看着宝宝，再加上温柔地说话和哼唱，宝宝的感觉一样会很好。

·慎选保姆，同时善待保姆

照顾婴儿最佳的人选当然是妈妈，问题是如果妈妈必须上班，又没有亲人能够帮忙，当然只好把孩子送到托育中心，再不然就只好请保姆到家里来看孩子。只要保姆有爱心、有耐心，也有助于宝宝的情感依附。

当你不得已把希望寄托在保姆身上，请慎选保姆，然后善待保姆。

选择保姆时，要了解对方的生活习惯好不好、身体够不够健康、脾气好不好，甚至连她说话的方式都得注意，因为你的宝宝交给她带，就会跟她学。她的心态、语气，甚至说话的方法，都会影响你的孩子。

更重要的是带孩子的人有没有爱心和耐性。她为宝宝换尿布、为宝宝做清理，或把奶嘴塞进宝宝嘴里的态度，都可能进入你宝宝的心灵深处，给宝宝留下温暖或粗鲁的印记。如果宝宝吐了、拉了、把东西打翻了，大人一边收拾一边骂；如果宝宝大哭，大人过去把奶嘴粗暴地塞进宝宝嘴里；如果大人一边抱着宝宝，一边跟人吵架，都可能对宝宝的心灵有负面影响。同样的道理，你对保姆的态度，也会影响你自己的小孩。我就亲眼见过，早上妈妈对保姆拍桌子，晚上孩子就对妈妈拍桌子。

宝宝处处都跟带他的人学习，有个学术名词是“镜映效应”——就像照镜子一样，宝宝从照顾他的人脸上看到他自己：妈妈看我的眼神好温柔、好疼爱，表示我好可爱！也可以说他用大人的肯定来肯定自己的存在，也可能因为大人的厌恶否定自己。

各位想想，如果一个小奶娃，从出生时起就能不断地肯定自己，他未来是不是会比较有自信、会正面思考？相对地，刚出娘胎就不断被冷漠对待的孩子，会不会在心底埋下阴郁的种子？

研究发现，许多抑郁症及自闭症患者的发病原因，都跟孩子早期的生活有关。

在这儿我也要呼吁那些无暇照顾自己孩子的妈妈，回到家要尽力跟孩子接近，让孩子感受母爱。而且，不要因为发现孩子跟保姆比较亲，就感觉心里不痛快。你要想想，孩子跟保姆亲近，表示那保姆做得不错，她替代你扮演母亲，你应该感谢她啊！而且保姆毕竟是保姆，她们总有一天会离开。妈妈毕竟是妈妈，你的孩子到头来还是会跟你比较亲。

最好的保姆是把你的孩子当她的孩子，最好的雇主是把保姆看作自己的家人。如果你希望保姆善待你的孩子，那么请善待保姆，因为善待保姆就是疼爱孩子！

第二篇

别教鱼去爬树

——找准孩子的关键优势

❶ 孩子提早入学好吗?

最近看到一则整版报道，大标题很醒目：

“开学式剖宫产值得吗？”

内容是说每年到了八月下旬，中国接受剖宫产手术的产妇特别多，有些人预产期已经是八月底，还要预约八月三十一日剖腹，为的是怕孩子“迟到了”。更多的产妇预产期在九月初，硬是提前剖腹，非叫那宝宝在九月一日前出生不可。

道理很简单，因为按照目前的入学制度，即使同年出生的孩子，八月三十一日之前出生的可以入学，九月一日出生的就得多等一年。

该报道的小标题说：“这种开学式剖宫产，显示了中国父母想让孩子赢在起跑线的心理。”

·虚荣与不平的心理

我想，非要孩子早早入学不可，真正的原因是父母心理上莫名其妙的不平，加上虚荣心作祟。是啊！隔壁的王大毛才比我家小宝早一天生，人家现在已经背着书包上学了，我家小宝还留在家里无所事事。比起来，多丢人！改天大毛大学都毕业，进入社会赚钱了，我家小宝还在念大学，我还得给他交学费呢！

谈到交学费，就是另一个原因了。许多父母都工作，孩子在家，如果上一辈又不能带，就得找人帮忙带或者把孩子送到幼儿园，开支比上小学多得多，从经济上考虑，早一年入学可以省不少钱。

还有些父母想得更远，孩子还没上小学，已经想到成年了——早入学，将来考学校，就算没考好，也可以赢得一年复读的时间；早毕业还可以早找对象，免得好的对象都被别人抢走了……

问题是，他们这么想的时候，有没有做下面的深思？

·小一号的孩子真能赢在起跑线吗？

首先，大家都说要孩子“赢在起跑线”，问题是你想想那画面：起跑线上，一群孩子排成一排，准备鸣枪起跑。你家宝宝虽然在八月底出生了，但比别的孩子可能小上一整年。

六岁左右的孩子，一年能差多远哪？一眼望去，你的孩子明显小一号，结果虽然枪响了，你那小宝宝也起跑了，他能跑第一吗？搞不好，才起跑就落后了。

结果可能赢在起跑线，却输在了终点。

这是你希望看到的结果吗？相对地，你顺其自然，让九月生的宝宝多等一年，再站到起跑线上的时候，是不是比别人大一号？连在学校跟别的孩子打架都比较占优势啊！

人生的跑道不是只有几百米，而是几十年，你的孩子会不会从起跑就落后，结果一路落后？

不管是早入学还是晚入学的孩子，从小学一路上来，参加的都是同样的考试。也就是说，他们从小学、初中、高中到大学，总要跟比他们大的孩子竞争。

或许有人说，幼小的孩子长得快，确实每个月都不一样，大一个月就是大一号，但是过几年差异就小了。

这话没错！问题是刚上学与大孩子差异大的时候，对小孩子造成的影响会不会一路持续下来呢？举个例子，你的孩子不足龄，你硬是想办法让他上小学。从上学开始，算术就跟不上。那些比较大的孩子，可能在入学前已经学了不少一年级要学的东西。结果上课时，老师问一问，发现多半的孩子基础知识都会了，就简单带过，你的孩子会不会更跟不上？

难道你那比人家小的孩子，连补习也要跟人家争吗？他连大小便都还不能控制，你就把他送到补习班，硬往他稚嫩的大脑里塞东西吗？这种揠苗助长的行为很可能给孩子造成心理上的伤害，让他一生都不爱学习啊！

结果，你那没输在起跑线的孩子，从第一堂课开始，别人听懂，他就没听懂。成绩单发下来就差人一截。他会不会有挫折感？如果你是争强好胜的父母，会不会责骂孩子？就算不责骂，只怕你的表情对敏感的孩子也会造成负面影响。

许多科目需要扎实的基础，比如数学，孩子开始的基础打不好，这种影响就可能一直持续下去，失去信心，失去动力，失去能力，一路输到底。

这是你希望见到的吗？

·小一号的孩子常被同学排斥

再从身体上来看，我前面说，你家孩子如果太早入学，个头儿比别人矮一截，连打架都吃亏。这虽然是幽默的说法，事实是不是真的如此呢？当别的孩子已经能将球投进篮筐，你的孩子运球都有问题，别的孩子会愿意找他一起玩吗？当你的孩子被排斥在外，他的心里能不受伤吗？

这种差异虽然过不了几年就消失了，但还是有可能影响孩子的未来。

曾经有个国家体操代表队统计发现，能代表参加世界大赛的选手，多半是前半年出生的。原因是，体操队招训小学员，也像小学入学一样以年龄划分，结果一开始被选上的，就多半是大一点的孩子。再经过一路淘汰，真正参加世界大赛的，还是当初入学就比较大、从一开始就比较“占便宜”的孩子。

·同班的大姐姐和小弟弟

再想想成熟度！如果你是老师，门外走进两个学生，一个看起来像小孩子，一个已经一副小大人的样子，你要交任务给其中一个，你会给谁？

我曾见过好多初中一年级的女生会逗男生。我甚至听一个可爱的男孩子说，他在楼梯旁边走的时候，居然有女生会站在楼梯上笑成一团，还伸手摸他的头。这男生怎么看都是小孩，所以不懂那些小女生奇怪的“情怀”。

我还听过不少男生抱怨自己没有体验过初恋。这是因为小时候是女生主动找他，他先没感觉，后来有一点动心，最后因为毕业分手了。小男生虽然挺沮丧，但又不像真失恋那样心碎。只是后来再交女朋友，再也没有初恋的感觉了！

女生比男生早熟，在小学高年级，女生常常已经发育，长得比较高，连看事情的态度都不一样。可以说在小学时代，男生跟女生比，可能已经吃亏，甚至落后，如果再让男生早入学，会不会更不协调？

也有人主张男生可以晚一点入学，女生则不妨早一点。还有人想得远，女生的生育期有限，以后结婚的压力比较大，早毕业可以早找对象。

这些都是事实，只是虽然女生发育比较早，是不是在起跑线也就比男生强呢？太早入学如果让女生跟不上，那同样会影响未来的学习啊！

综合以上的得失，我个人认为，除非你的孩子特别聪明、特别强壮，否则最好不要提前入学。这不表示你的孩子要白等一年，因为你可以用这一年让他多享受下学前的轻松自由，你也可以多享受些亲子的快乐时光，你还可以让他学点有意思的东西，做早期“身心开发”的工作，说不定真能让孩子下一年赢在起跑线。

② 为什么要多跟孩子说话、讲故事？

家长不必想尽办法让孩子提早入学，我先不谈兴趣班的问题，因为我不知道那些兴趣班会不会揠苗助长，但是最起码可以建议家长跟孩子多说说话、多玩玩游戏！

请不要觉得我的想法太简单，要知道这看来最简单的，反而可能是幼儿最需要的。

·腓特烈二世的异想世界

十三世纪时的意大利国王腓特烈二世，大概因为自己懂得很多种语言，就想做个实验——让一群小孩在完全没有听过任何人说话的环境长大，看看他们是不是天生就会希伯来语、拉丁语、希腊语和阿拉伯语。于是他集中了一群出生不久的孩子，并且命令照顾孩子的人只能喂宝宝喝奶，给宝宝洗澡，绝对不能跟孩子说话，更不能逗孩子玩。

各位猜猜结果如何？

腓特烈二世的实验失败了，孩子后来全夭折了。

不过也可以说他的实验成功了，证明宝宝从生下来，如果没有人跟他们说话，对他们笑，逗他们玩，宝宝是很难生存的。

·被隔离的孩子不健康

又比如二十世纪早期麻疹大流行，当时还没有麻疹疫苗，有个孤儿院为了保护那里的孩子，尽量不让他们接触外面的人，结果孩子的感染率非但没降低，还远高于外面的孩子，死亡率也高得多。

许多实例可以证明，就算吃得好、住得好、被照顾得好，如果没有跟外界的沟通、没有爱，宝宝是很难健康成长的。

这时候，我们就要检讨自己，跟孩子有没有足够的接触？双薪家庭的爸爸妈妈，把孩子交给老一辈、保姆或幼儿园，孩子跟大人有没有足够的互动？

·好的保姆胜过差的妈妈

最近我看到一本书《大脑》，里面有很多高深的理论，但是最吸引我的是两句很简单的话：

“婴幼儿跟既疼爱他，又爱说话的养育者在一起，发育最快。”

“家人之间交谈多的家庭，会增加孩子未来成功的机会。”

我有个邻居，妈妈是华人，爸爸是白人，事业非常成功，但两口子工作非常忙，孩子生下来没管过几天。但是他家请了一位北京来的保姆，保姆非常疼小孩，爱说话，也非常爱串门。只要天气好，那保姆就会推着婴儿车出来四处逛，见到邻居就把宝宝举起来秀。

秀什么？

秀宝宝学到的中文儿歌。

怎么看都是个洋娃娃的三岁小孩，一串一串地唱，而且唱的都是字正腔圆的北京话。孩子不懂自己唱的是什么，唱完了，听得大人笑，保姆笑，孩子也得意极了！

我住的那小区还有位不太理人的妈妈，孩子跟北京保姆带的一样大，看起来却好像差了一岁，不但很少说话，连眼神都比较呆滞。我常想，那孩子是有问题吗？或者只是因为妈妈在家很少跟他互动？

·为什么要讲故事给孩子听

在外国影片里，你一定总看到父母在孩子睡觉之前为他们讲枕边故事，连一些国家的领导人都曾经呼吁大人为孩子讲故事，读故事书。

相信很多家长会说，打开电视孩子就目不转睛了，电视比故事精彩多了！他们不知道，讲故事跟放动画的效果是不同的，因为电视把现成的画面放在小孩眼前，然后配上声音效果，虽然生动，却缺乏让孩子创造和想象的空间。

相对地，当大人比着手势、扬着眉毛、瞪大眼睛说"大野狼来了！"的时候，小孩子的内心会展现多么精彩的画面！

大野狼的故事确实让他紧张，可是讲故事的大人就在眼前，让孩子觉得很安全，说不定跟妈妈爸爸靠得更紧了，亲子关系更亲密了。

尤其重要的是，幼小的孩子因为生活经验少，更能发挥想象力和创造力，而这正是他们在未来世界最需要的能力。比尔·盖茨、马云、史蒂文·斯皮尔伯格……哪个不是因为有天马行空的创意而成功？

·训练孩子的专注力

跟孩子聊天，给孩子讲故事，还有个好处，是训练他们的专注力。

为什么上小学低年级时，每堂课的时间都比较短？

因为小孩子的专注力无法持续太久，他们很快就会失去耐性。

如果你有即将进入小学的孩子，你要想想，孩子能坐得住吗？能专心听讲吗？老师讲的东西他能记得牢吗？

假使你没把握，那为什么不从学前就开始，甚至从两三岁的幼儿就开始，盯着他的眼睛讲故事、叮嘱事情？打开故事书，指着里面的图画，说完一页、翻一页。一方面让他听故事，发挥想象力，一方面训练他的专注力。

孩子再大一点，你还可以指着书上的文字，一个字一个字地边指边说。使孩子一方面认识字，一方面把“文字”与“声音”结合在一起。进一步，他们会自己看书，一个字一个字地念（念不出就猜，也很好）。好处是他们会把“死的文字”变成“活的意思”，这正是他们一生都需要的本领。

相对地，如果你只带他玩，却没有早早给他讲故事、带他看图说故事，那么他进入学校之后，很可能短期无法适应。说难听一点，他可能因为注意力不集中而输在起跑线。

·大脑神经元的联结

对幼儿说话、跟幼儿互动，对孩子成长是非常重要的。近年来因为医疗科技的发展，像是正电子发射断层扫描装置（PET），可以用来观察脑里的变化。科学家发现，婴儿生下来，脑细胞的联结是有限的。他们的脑海好像一片大空地，等着他在上面做城市规划。

他们的可塑性是极高的，也可以说这个城市规划有足够的资金支持，只要哪里需要，修马路、铺管线、挖下水道，小宝宝的脑海都能全力配合。

重要的是，你得早早启发他，让他知道他的城市该怎么建设。如果你不能在他很小的时候，甚至两三岁以前就帮他开发，等到时间过了，恐怕就有些迟了。

正因此，他越早接触的语言学得越快、口音越准确。错过最好的学习时期，恐怕就事倍功半了。

问题是，为了让孩子赢在起跑线，你有没有常常跟他玩，跟他说，带他看书，给他讲枕边故事？抑或你只是早早就送他上兴趣班，教他拼音和写字？

有关学习才艺，咱们在下一节讨论。

③ 抓住最佳学习时机，每个孩子都是语言和音乐的天才

我的小姨子是学特殊教育的，许多“有问题”的小孩都被带去找她咨询。最近因为写这本书，我问她有什么关于学龄前儿童学习才艺的案例。她说，曾经有一位多动症孩子的妈妈去找她，谈到孩子学钢琴好一阵子，都不专心练习，倒是有一天在外面听到首曲子，回家就坐到钢琴前面说要弹。

我的小姨子问她：“弹出来了吗？”

那妈妈笑笑说：“弹是弹出来了，但是错了好几个音。”

我的小姨子又问：“那你怎么说？”

妈妈的笑声没了：“就说弹错了啊！”

听到这儿，我忍不住大喊一声：“天哪！她居然这么说？”

我的小姨子也讲：“是啊！很多孩子的才艺，都因为大人不懂得发掘而被埋没了。”

·发掘他，还是埋葬他？

当天晚上，我的小姨子转给我一个“美国国家地理频道”的影片，片名是《神奇大脑——生为天才》，影片才开始，就看到一个七八岁的小男孩在跟交响乐团合作演出。他很早就显露出音乐天赋，引起许多专家的注意。在影片的访问中，专家问是怎么发现孩子的音乐天赋的。妈妈还没答，小男孩先说了：他两岁时去参加一个派对，听到《玛莉有只小绵羊》的旋律，回家就弹了出来，于是被妈妈发现，开始栽培。

这个叫余峻承的小男孩，现年二十岁，正在华盛顿大学音乐学院主修古典音乐，已经创作了上百首曲子，并且多次跟郎朗同台演出，被认为是未来的郎朗。

看完影片，我心想，如果余峻承回家弹《玛莉有只小绵羊》，妈妈没有赞赏，甚至像前面说的那位妈妈还浇盆冷水，结果会如何？

今天我要谈学龄前儿童的才艺，虽然用天才儿童作为开头，但是先要强调：对儿童的才艺教育，不应该存有“秀”天才子女的想法。教小孩才艺，也不能以造就专业艺术家为目标，而应该是为激发他的大脑，让孩子的潜能得以发挥，更为了让他们爱艺术、爱生活、爱人生。

·每个宝宝都是天才

每个孩子天生就是艺术的天才。

看看襁褓中的小宝宝就知道了，当他躺在小床上，盯着床上面挂的正在转动的电动小玩偶，听到音乐的节奏，他们是不是自己就会手舞足蹈？

小宝宝的听觉发展远在视觉之前，他们在妈妈肚子里不是能听见妈妈的心跳吗？那心跳就是节奏，就是音乐！

既然听觉是最先成熟的，我们怎能不抓住机会，早早让听觉发挥作用呢？

你可以想象，那个刚出生的宝宝，闭着眼睛好像什么都不懂，只是成天睡觉。其实他们像在妈妈肚子里一样，二十四个小时都在偷偷听，也在偷偷学。

首先，他们在学说话，大人说的每句话都可能被宝宝学习到。我们是不是也就能抓住他们大脑最能“建构语言链接”的时候，给他们学习的机会？

·让孩子自然吸收多种语言

请注意！我讲的是给宝宝“学习的机会”，并没有说“强力灌输”，因为强力灌输可能有反效果，给他们机会就足够了。

有些人好像天生就能通晓好几种语言，绝大多数因为他们生长在说多种语言的家庭。我在美国有很多朋友都是跨国婚姻家庭，比如妈妈是中国人，总对宝宝说普通话；爸爸是美国人，只会说英语；外婆从中国来美国帮着照顾孙儿，说的是广东话，我到他们家去，发现最神的就是那个三四岁的孩子了。

只见妈妈交代宝宝一件事，叫他转告爸爸和外婆，孩子立刻跑去对爸爸用英语说，对外婆用广东话说，再跑回来对妈妈用普通话讲：“我都说了。”

虽然用几种不同的语言，但孩子一点儿也不会弄混；虽然只有三四岁，但孩子对这几种语言已经掌握得很熟练。

这还不稀奇，有些国家的孩子从小就得接触不同的语言，像是马来西亚的华人，除了家里老一辈讲的广东、广西、福建家乡话，日常生活还得会马来语、普通话和英语。荷兰人更复杂，我就在一顿饭的时间，听一个荷兰家庭的孩子把荷兰语、英语、法语、德语掺着讲。

那些孩子是天才吗？还是因为他们的环境，在最能学习语言时，给了他们机会？

相对地，如果等到他们大了再学，能那么轻松吗？口音又能那样纯正吗？

正因此，如果你问我学龄前的孩子可以学些什么，首先我要建议让他学语言！有些父母会责怪老人家跟孩子讲家乡话，或者家里请了外籍用人，严禁外籍用人用他们自己本国的语言，其实都是不必要的，甚至是不对的。

教孩子语言，是给他们终身的财富啊！

·学音乐有助于其他智能的成长

把握孩子听觉发展的黄金时期，你也可以教孩子音乐。各种研究结果显示，小宝宝从三岁就开始学音乐，并不嫌早。那时候他们的大脑神经元，正在建立网络。如果他不断接触音乐，那神经元的联结就会建立得更好。相对地，如果他不接触，有些原先就有的“通道”反而会被切断，以后再学就迟了。

学习乐器应该是最能开发大脑的。比如弹钢琴，他要看谱、看琴键、听他弹出的旋律，他的双手十指都在运动，脚下还有踏板，可以说全身都在协调运作。

学音乐不但有助于孩子在音乐领域潜能的开发，而且对其他方面也有帮助。北京大学认知神经学习实验室曾经对四十八个大学生进行测试，发现那些在七岁以前就接受音乐训练的孩子，脑部开发程度明显比一般人高，尤其是语言区和执行功能区。

更有研究发现，拉小提琴的人右脑比左脑明显更发达，因为右脑控制左手，而拉小提琴最需要技巧的正是按琴弦的左手。

·人间处处有旋律

或许有人说，学音乐的孩子都是家庭富裕的。其实不然，因为音乐无处不在。

记得我儿子小时候，家里经济还不宽裕，他去老师那里弹完琴，回家没琴可练，老师就给他一张印了琴键的纸条，放在桌子边上，让他当作钢琴练习。

刘轩那时候也就三四岁，居然一边按着假的琴键，一边嘴里哼着那个音，也自得其乐。后来家里条件改善，买了钢琴，他更珍惜了，居然一路考进了纽约茱莉亚音乐学院先修班，到今天还在从事跟音乐有关的工作。

我后来常想，其实用假琴键也挺好，能够发挥他的想象。

我儿子五岁时的第二位钢琴老师，除了教弹琴，也带着一群孩子光着脚在地板上跑。一边跑，一边教他们感觉脚下啪啪啪的节拍。那老师可以说把音乐、舞蹈和身心的节奏都结合在了一起。她让孩子们爱上了音乐，这比什么都重要。

所以，如果你的经济方面不够宽裕，没办法让孩子学乐器，千万别气馁，你可以教小宝宝拍拍手，跑动，听音乐，感觉节拍和旋律；可以带着宝宝唱歌，抑扬顿挫地朗读，开发他们与生俱来的心灵节奏；甚至能教孩子听风声，听水声，听竹韵松涛，听鸟啭虫鸣……

最后，让我再一次强调，人人天生都有艺术潜能，必须把握最佳的时机，把那潜能激发出来。让他们觉得处处有可以学的语言，处处有美好的音乐，从来到世界的第一天起，就感觉人生真美好！

4 画画是儿童的另一种语言

二〇一八年六月，我应邀去沈阳的鲁迅美术学院演讲，一开场我就说：“很多人奇怪为什么我写了那么多文学作品，却很少写艺术评论，那是因为我觉得艺术创作很难论好坏，也很难说对错。只要艺术家自己觉得好，觉得表现了他自己，就算全世界的人都不认同，那作品也是好。”

我这么说，大家可能见仁见智，但如果是谈儿童画，则绝对正确。这是因为儿童用他们纯真的心灵，很直接地把他想画的、想说的表现出来，只要他们高兴，就是好。大人不该评论，不适当的评论可能产生反面效果。

·听宝宝用画说心事

儿童画不仅是画，也是语言，这正是儿童绘画的优点。宝宝小时候，许多东西还无法用语言表达，他们却可以画出来。举个最明显的例子，不是曾有个儿童“性侵”的案子，原先大人不知道，只因为儿童在画上画了大人不恰当的身体接触而被发现吗？

儿童也把绘画当作文字，这跟“象形文字”的道理一样，人类在早期没有文字的时候也是用画的，渐渐把画面简化、统一、推广，大家都使用，就成为通用的文字。

你家宝宝画爸爸妈妈和他自己，可能都有大大的头、小小的身子，有眼睛嘴巴，却没鼻子，有几根好像铅笔的手指和简简单单的头发。怎么看都不像，他却硬是指着这些小人儿说那是他自己，那是妈妈，那是爸爸。

这时候你要跟他辩，说他画得不像吗？要知道，他有他那么画的道理，这些线条是从他心里出来的。比如他不画鼻子，是因为还没觉得鼻子重要；他强调一根根手指，是因为手很要紧。他画妈妈大嘴巴，是因为妈妈一天到晚在说他。你应该说他画得真像，因为那才是你在他心里真正的印象。

·别干扰孩子的创意

能够把最真实的印象表现出来多好啊！许多名画家，画得像儿童涂鸦，就因为他想把心中的印象直接表现出来。当别人成长之后，受到干扰，画出的东西越来越失去“真趣”的时候，能够保留那份真，就是难能可贵的了。

所以看你家宝宝画画，你可以问，这是谁啊？但是千万别批评，以免干扰他纯真的心灵。比如你问他，为什么没耳朵？为什么有手指没手掌？为什么没有脚趾？为什么身体那么小？下一次他改了，但那不见得是进步。如果你拿他的作品去参加比赛，评审又是儿童画专家，很可能就因为你“还在学龄前”的孩子画出不属于那个年龄的东西，有大人干扰的痕迹而不能入选。

幼儿是充满想象力的，他们会很主观地去画，比如画个游泳池，他先画人，画出整个身体，再用蓝色在上面一直涂，把人盖住，表示那是水，人在水里游泳。而不是在水上画“露出的人头”。画人坐在车里也一样，他心里想的是“人坐在车里”，就很可能画出整个人，不会想到隔着车窗看到的只有乘客的上半身。

他们这么想，就让他们这么画，因为那才是他们心里的真实想法。是“认知”的真实，不是“眼见”的真实，更不是大人看到的样子，大人要尊重他们表达的方式。

·儿童画画对说话和作文有帮助

儿童画其实也是儿童说故事，或者称得上是儿童写的文章。不信，你问一个四岁的宝宝，问他画的是什么，他很可能娓娓道来：今天奶奶来我们家，带我去公园，路上还看到隔壁的小朋友，还有两只狗……有些孩子能指着自己的画，说出令人惊讶的复杂情节，你说那是不是他写的文章、说的故事？如果你突然要他说奶奶来的事，他可能说不完整，但是如果他先画出图画，就容易多了！

正因为儿童可以通过画画，把复杂的情节表现出来，所以儿童画画有助于组织他们的思想，建构完整的语言，这对提高他们说话和写作文的能力大有帮助。

·儿童画可以增强儿童记忆力

比如，他把一件事画出来，你隔了很久，把画拿出来，问他画的是什么，他八成想都不用想，立刻就能认出来。

过去他画爸爸，头上只画三根毛，过两年，他再画爸爸，头发变多了，但是当你拿出来他以前画的“三毛爸爸”，他还会认得是爸爸。

这表示什么？表示那个只有三根毛的形象当时在他心里代表爸爸，隔了几年，就算跟他现在画的不一样，还是代表爸爸。

这种“图像思考”的方法，可以帮助孩子记忆。近年来人们发现很多学霸特别会读书，都是因为他们用了“图像思考”，通过图画去记忆，甚至有人开班教授“图像学习法”。

你还可以通过图画教孩子认汉字，比如“安”字，上面是屋顶，屋里有个女生，平平安安。教“莽”这个字，小孩一直记不住，但是你上面画两株草，下面画两株草，中间画一只狗（犬），一只狗在草地上跑，小孩马上记住了。用图像教汉字，可以把许多字变成图画、变成故事，比死记硬背好多了！

·让宝宝想怎么画就怎么画吧！

如果你要我简单地说怎样教儿童画，我的答案是——

第一，儿童画只能靠引导。你可以给孩子蜡笔、铅笔、无毒又可以清理的水彩颜料和纸张，让他们自己去发挥。他怎么画，你都要肯定；你可以不了解，但是不能否定；你可以赞美，绝不能责备。

第二，学龄前的孩子处在“想象期”，不是“描写期”，你可以叫他画“我的家”“我的爸爸”“我的妈妈”“我的小猫”“我的小狗”，但是别让他对景写生，就算要他画窗外的风景和屋里的摆饰，也不能要求他“画得像”。

第三，千万别让他照抄或模仿。你可以说故事给他听，比如讲白雪公主，然后告诉他可以画白雪公主。但是记住：那是他的白雪公主、王子和七个小矮人，他怎么画都对，你不能批评，不能笑话，不能拿出白雪公主的图画书，教他照样子画，更不必因为他画得跟书上一样就叫好。

你一叫好，就麻烦了！

因为每个孩子都会讨好大人，你的肯定很可能影响他的创意。如果他画某一类的东西，你必定叫好，很可能造成他以后专画那一样。他画某种颜色，你特别赞赏，很可能他以后就总用那一色。

天马行空的想象力和天外飞来的创造力是未来世界最需要的。千万不能勉强想象期的孩子，让他提前进入描写期。你希望他写生写得好，画东西画得像，但这应该是小学五年级（甚至初中）以后的事。

第四，儿童画虽然称为画，但你也可以引导他用不同方法表现，比如用树叶蘸颜色拓印，用牙刷蘸颜色弹动，用折皱的卫生纸蘸颜色拍染，先在纸上涂抹糨糊或胶水，再撒上沙。还可以把颜料滴在纸上，再将纸折起来之后打开，要宝宝发挥想象说那像什么。或者用手指蘸颜料在纸上按出指印，再要他们在那些指印上加眼睛嘴巴，变成人脸。总之，你要让宝宝感觉这个世界上有无限的可能，让他们发挥无限的创意。

最后我要说，你除了不束缚孩子，也要少干涉老师。很多老师不是不懂儿童画，只因为想讨好家长，而为孩子做很多加工，再送去比赛。结果不但限制了孩子的创意，而且导致孩子产生了对成人的依赖。

还有，如果你送学龄前的孩子去学儿童画，他拿回来的是模仿画的米老鼠、唐老鸭和白雪公主，画得再好，你也别得意，更不值得四处秀。

而且，你大概可以考虑换老师了！

⑤ 天生我材大不同：怎么教视觉型、听觉型、触觉型孩子？

有一天半夜，我睡得正熟，电话响了，是台北的朋友打来的，他不知道我人在纽约，两边有十二个小时的时差。

我当时睡得迷迷糊糊的，就问他电话号码，说等我睡醒之后跟他联络。他说了，我就打开床头柜抽屉，找了支笔，再抓了张名片写下来。

第二天醒来，想到夜里的电话，赶快找我记下来的号码，可是发现大概名片上有蜡，我用的又是水性笔，根本没写上去。我就自己怪自己："哎呀！电话号码记了等于没记，怎么那么糊涂！"这时候我太太听到，笑着说："你是说昨天夜里那个电话号码吗？我虽然在睡觉，但是听你重复了一遍，有点印象，好像是×××××××。"我将信将疑地打了过去，居然正是那位朋友接的电话。

·有人认脸孔，有人记事情

天哪！我真是太惊奇、太佩服我太太了，而且觉得有点恐怖。我半夜醒来记不住的号码，她在半睡中居然能记住？这不是很可怕吗？以后说话可得小心了！

我早就发现太太跟我很不一样，比如参加派对，常常对面走来个老朋友，我却想不起名字，这时候只要太太在旁边，问她就成。我太太就算一下子没看出来是谁，我只要提醒她，比如说："就是那个在生日宴上跟太太吵架的。"我太太保证马上就能说出名字。由此可知，我会记事情、记面貌，不会记名字。我太太能记名字，却不一定认识人。

念古诗词也一样，我会背很多诗词，但是总记不住作者，但是把诗词的名字说出来，我太太就算忘了内容，也能立刻想到是谁写的。

更常见的例子是，在网上看电影的时候，只要说出影片名，我太太常常就能说“看过”“没看过”。但是如果不知道片名，我只看几个镜头就知道是不是看过，我太太却得看半天才想起来。

·一群学生，以谁为准?

讲这么多家里的小事，是因为我要谈“因材施教”。

我们常说教育要因材施教，问题是，大家有没有做到呢？在学校，一群新生进来了，课堂上望过去黑压压一片。老师先自我介绍，叫每个学生站起来认识认识，之后就开始教书了。一路教下来，有的学生成绩好，有的学生成绩差，老师可能只会认为他们资质不同、用功程度不一样，但是未必会想到每个学生各有所长、各有所好，那些表现不好的学生，是因为不适应老师的教法。

为什么有些学生上学期在这位老师的课堂上表现不佳，下学期，换个老师就脱胎换骨了？我就曾经读过一位成功企业家写的文章，说他小学时原本成绩很差，只因为来了一位代课老师，成绩就突然变好了。这位老师没待两个月，却影响了那孩子一生。

老师不同，为什么对学生会有那么不同的影响？是因为那老师特别漂亮、特别年轻、特别有学问，还是他的教法不一样？

让我们再往深一步想，是不是老师教的方法不一样，导致所有的学生反应都不一样？会不会来了一位新老师，有些原先差的学生变好了，也有些原先好的退步了？这样推测老师的教法可能特别适合前者，不适合后者？

如果确实如此，老师是不是应该用不同的教法，让不同的学生都能适应，都能喜欢，都能如鱼得水？

问题是学校的老师时间不够，不能了解每个孩子。而你家就这一个宝贝，你作为父母，是不是应该早早发现孩子的天赋，为他找适当的老师？或者在老师不知道的时候，由你们告诉老师你家孩子的特质？你甚至可以在家帮助孩子，用他比较喜欢的方法启发他、引导他。

人各有才！人各有长！每位从事教育工作的人，都必须先不断告诉自己："今天我面对的这群孩子，每个人都不一样，我必须从不同的角度观察，用不一样的方式引导。"

·孩子天生的差异

每个人天生的行为模式不一样，有的是"视觉型"，有的是"听觉型"，有的是"触觉型"，也有些人能够平衡发展，每种感觉都很敏锐。比如，我显然是视觉型，我太太是听觉型。

视觉型的人擅长记画面，听觉型的人擅长记声音，触觉型的人擅长以实际操作来记忆。视觉型的人上课时如果看到老师在黑板上画地图，列出图表，会对这些图像、图表记得比较清楚，你问他课堂上教的内容，他会说："等等，我想想老师在黑板上是怎么画的。"甚至当你问他课本上的东西，他会想起大约在第几章，靠上还是靠下，然后把答案想出来。我早年在台湾主持一个机智问答的电视节目《分秒必争》，由各高中派代表参加，我记得很清楚，有个学生很厉害，也很特殊，当我问问题时，他不看我，也不看同一队的同学，只低着头用手指头在桌子上猛画，然后作答。我后来问他为什么，他说他必须一边画一边想，想那答案的样子，想在课本上的什么地方，才能答得出来。我猜他是"视觉型"加上"触觉型"，那个触觉就体现为他书写的动作。

至于听觉型的人，多半特爱听故事、听广播，你拿报上一则新闻给他看，他可能说："你讲嘛！你说给我听就好了。"听觉型的人，背书的时候喜欢一边看一边念，比如背英文单词，他非读出来，还非大声读出来不可。就因为他的耳朵要听他的嘴说，他先用眼睛看，再用嘴巴说，最后用耳朵听，经过三重学习，印象特别深。

相对地，你要触觉型的人背东西，他实在记不住，就使用抄写的方法，写几遍就记住了！由于他身体力行，有了肌肉记忆，加上他先用眼睛看，再用手写，写给谁看？写给他自己的眼睛看——这也是三重学习。

至于“触觉型”，也有人称为“体觉型”“动作型”或“运动型”。顾名思义，他们是比较爱动的。最明显的是他们说话的时候喜欢比手势，可以说他的手势里有“视觉型”的表现。比如他说他看到好大一头大象，他一边用两只手比大象，一边脑海里想象着那头大象的样子。当你问他吃过的苹果有多大的时候，他可能用一只手做成抓苹果的样子，说：“这么大！”可以说他是用实际拿苹果的动作和对那苹果重量的记忆，给你形容。但是视觉型的人就不一样，他会伸出两只手的拇指和食指，比给你看。他比的时候，心里也有个苹果，但不是立体的，而是从侧面看到的轮廓。体觉型的人在艺术欣赏时对对象的感知多为立体的，而视觉型的人在艺术欣赏时对对象的感知常常是平面的。雕塑家要亲手做，常常属于触觉型；画家在平面的纸张或画布上创作，常常是视觉型的。

触觉型的人，大多比较爱动。你在教室里教他，远不如室外教学。他在教室里坐不住，除了乱动就是在打瞌睡；出了教室，精神就来了。他们的韵律感也特别强，别人怎么都学不会的动作，他们很快就能学会。你叫他背书，他会一边背一边摇头晃脑，或者走来走去。总之他身上好像哪根筋不对，就算坐着也要扭来扭去。问题是，上课就是上课，很难让他走来走去，所以“触觉型”的孩子，常是教室里让老师头痛的人物，特别爱动的还可能被认为是“多动症”。

·你的孩子是哪一种类型？

“视觉型”“听觉型”和“触觉型”的特质，父母可以从孩子小时候就注意。

如果你的孩子喜欢自己看书，却不爱听故事，就算听故事也要你指着书上的插图说给他听，他可能是视觉型的孩子。

如果他特别喜欢听你读书上的故事，却不爱自己拿书看，当你带他去游乐场，回来你要他说给你听：“那个游乐场有哪些游乐项目？”他立刻就能说出那些游乐项目的“名称”，而不必从进游乐场开始，顺着他走的途径一边想，一边说，那么他可能是听觉型的孩子。

如果他说话的时候总要加上很多手势，就算你拿着书，指着书上的文字读给他听，他还坚持，甚至把你推开，把书抢过去，非自己指着读不可，表示他是喜欢身体力行的触觉型。

对于视觉型的孩子，你可以给他看图画书、画图表（比如解释亲属关系的图表）、看地图（比如游乐场的地图）。教他算术时，可以用画一个个苹果或小动物来吸引他注意。

对听觉型的孩子，你可以带他唱歌、背儿歌，让他边唱边学，还可以讲故事给他听，然后让他再讲一遍，看他听进去多少。

对触觉型的孩子，你可以多带他做户外活动，学雕塑和陶艺，参观能够自己动手体验的科学博物馆。也可以在家多给他玩需要他自己动手组合的玩具。

虽然孩子可能有“视觉型”“听觉型”和“触觉型”的差异，但除了他优势能力以外的能力也并不是不能加强。对于他擅长的，我们要引导，让他发挥；对于他不擅长的，我们也得设法加强。

孩子未来面对的世界是多样的，很少有人会为他改变。为了让孩子都能适应，我们必须让他们均衡发展。

⑥ 如何多元发展孩子的视觉、听觉、触觉能力？

有些人是“视觉型”，有些人是“听觉型”，有些人是“触觉型”，虽然那是天生的，但是经过引导，还是有可能改变的。

这么说大家可能不太容易了解，我举个简单的例子大家就清楚了。

·你看电视字幕吗？

你看电视剧吧？电视剧总有中文字幕，你看的时候会不会注意中文字幕？中文你听得懂，为什么眼睛非盯着字幕不可？你可以做个试验，今天你故意不去看下面的字幕，或者把字幕遮起来，感受会如何？如果你很不习惯，明明你听得懂，却因为没了字幕，耳朵就跟不上说话了，那么你可能偏向“视觉型”。如果你完全不必看字幕，甚至觉得字幕挡住画面让你不舒服，宁愿把字幕拿掉，那么你八成是“听觉型”的。

还有，当别人看电视，你在做其他的事，只是在听声音，你能听懂多少？或者你根本不愿意听，觉得只听不看没意思，也听不懂，表示你是“视觉型”。

有个家长跟我说，他的孩子可以一边做功课，一边竖着耳朵听电视，如果问小孩电视里播什么剧情，小孩能一点都不漏地说出来。那么，他家的孩子八成属于“听觉型”，最起码他的孩子能够用听的方式吸收足够的信息。

你可能在各方面都证明自己是“听觉型”，但是当你看有字幕的电视看习惯了，也变成非追字幕不可。可以证明一件事，就是“听觉型”的人可能被环境改变成为“视觉型”。

·看、听、触要平衡发展

能改变或者加强自己的能力是非常重要的，因为我们活在这个世界上，一定要看、要听、要触摸。如果你听的能力很差，碰上个只爱“讲课”，不爱写板书、读课本的老师，就可能吃亏。

相对地，如果你只有耳朵灵光，常常“视而不见”，碰上整堂课都闷不吭声，只会写板书的老师，也可能给你造成麻烦。

因此，我们除了要发现孩子的特质，配合孩子的强项来教他，也得加强孩子的弱项，免得他以后不适应。

举个例子，如果你学龄前的孩子总是看电视，不爱听广播，连你跟他说话，他都好像听不进去，那么你可以不给他看电视，只给他听有声故事。一开始他或许会不耐烦，但是因为对故事感兴趣，非听不可，渐渐地，他的听觉就会变强了。

这边关了，那边就开了

当人的某种感官受到限制，很自然地就会在另一方面得到弥补。我太太小时候可能是视觉型，但是自从她的眼睛因为视网膜开刀，整整一个月蒙着眼睛躺在病床上，那段时间她的听觉就大大增强了，甚至我只要出现在长长走廊的另一头，她就已经从脚步声听出来是我要过来。

荷马史诗《伊利亚特》和《奥德赛》，你听过吧？那是古希腊文学中最早的史诗，就算各位没读过，也知道独眼巨人的故事吧？奥德修斯流落到荒岛，被独眼巨人关在山洞里，他率领部下先把独眼巨人灌醉，再趁机用削尖的树枝，把独眼巨人的独眼刺瞎，终于逃脱魔掌。

你知道这个故事是怎么来的吗？是由荷马口述，再经过后人记录下来的。荷马不自己写，而用口述，是因为他是个盲人。天哪！《伊利亚特》和《奥德赛》多长啊！一个盲人怎么能记得那么多？可能正因为他看不见，视觉无法使用，听觉反而变得特别敏锐，别人说的故事，他能很清楚地记下，一点点累积，再加上他的创作，最终成就了不朽的史诗。

不只是荷马，不少吟游诗人、说书人都不识字，他们不能通过文字来阅读，只好通过声音来背诵。

汉字有意思

谈到文字，汉字和英文、西班牙文这些拼音文字是不一样的。各位想想，如果你背英文单词，一个词可能由好几个音节组成，你是不是要通过拼读，把词拼出来？但汉字是一字一音，每个字像图画似的，你只要看，不必拼，就知道那个字怎么念、是什么意思。所以，我猜想中国人因为从小认汉字，会加强“视觉”的训练。

如果你的孩子很不会写汉字，老是写不对，那么可能你家孩子属于“听觉型”，改天他学英文，可能会比较强。

对于“听觉型”孩子，如果你希望加强他“视觉型”的能力，最简单的方法是用图画的方式教他认汉字。比如“好”字，刚学写字的孩子记不住，你只要在左边画个女孩子的“女”，右边画个孩子的“子”，然后告诉孩子：“那是妈妈背着娃娃，多好啊！”他就记住了。因为那个原先看来没意思的文字，变成了有意思的图画故事。他不但能记住，而且可以加强他把文字变成图画的联想力，也可以说加强了他属于“视觉型”的能力。

我女儿在美国出生，为了让她对中文感兴趣，我就用这种画画的方式教，最近还把当年的教材出版为《汉字有意思》，或许你可以找来参考。

带女儿骑马打仗

至于怎么加强“触觉型”孩子的能力，你除了可以让孩子多运动，多接触实在的东西，还有很多技巧。比如我女儿小时候，我会让她坐在我腿上，说她要骑马去探险了，然后我一直上下抖腿，让小丫头感觉她是在骑马。我会把膝盖抬高，说：“现在骑马上坡了！”也会把膝盖放低，再一直抖动，说：“小心坐好了，咱们要下坡了！”还会说：“右边大野狼来了，快开枪打大野狼！”“左边大老虎来了，快看左边，开枪！”说到这儿，小丫头真会模拟开枪的样子，然后我把腿快速抖动，说：“前面有条河，咱们要跳过去！”接着把双膝高高抬起，再慢慢降下，说：“安全了！我们跳过河了！”小丫头也好像真经过一番冒险的旅程，松了口气。（当然我也够累的，有一次做完之后，两条腿疼了一夜。）

我觉得这种“动态”的教育方式，不但能训练孩子的“触感”和“运动感”，而且因为能发挥想象，有利于开发他们的创造力。

·每个人要知道自己的长处与短处

如果你的孩子“视觉”“听觉”和“触觉”能够平衡发展，当然最好。如果严重偏向于某一种，就得了解自己的长处和短处，扬长补短。

我是典型的“视觉型”，我住旅馆，常常出门就忘记住几号房间。但是后来我发明了一种方法，就是用图像来记房间号。比如我住910房间，我只要想“打高尔夫球，一杆，进了洞”。因为高尔夫球杆像9，一杆是1，进洞，洞是0。

请不要觉得我很搞笑，事实真是这样啊！我记不住就是记不住。好多人说我记忆力特强，诗词可以倒背如流，但其实我的记忆力原本是很差的，只是因为知道自己差在哪里、强在哪里，然后懂得避免短处、发挥强项罢了！

小孩只会背诗词却不懂意思

说到诗词，很多家长会叫小孩子背诗词，也有不少孩子能一背就是几十首。但是你有没有借这个机会，了解你的孩子属于“视觉”型还是“听觉”型？

方法很简单，你叫他背李白的《静夜思》：“床前明月光，疑是地上霜。举头望明月，低头思故乡。”他是不是能很快背出来？问题是孩子知道诗句的意思吗？你何不在教孩子背那首诗的时候，一句句讲解？你可以一边说，一边用手比画：“想想你睡在床上。”你比个床的样子，“月亮出来了。”你指指天空，用手比个圆圆的月亮……是不是就把那首诗变成了画面？这种训练能让小孩记得更牢。为什么？因为那首诗既有听觉的声音，也有视觉的形象，加上你的比画，成为动感的立体效果。这三重加起来的记忆当然特别深刻，他不会那么容易忘记。而且，这种学习的方法不是死的，是活的，可能会影响你的孩子一生的学习态度。

补习班老师的特别教法

最后，我要强调，每个人都要用到视觉、听觉和触觉，固然有天生的差异，但是越多元化发展越好。如果你是老师，同一时间面对这么多不同的学生，你该怎么教呢？

这让我想起有一阵子“补教名师”的新闻，我问学生：“什么是补教名师啊？”学生说：“就是特别会教的补习班老师。上他的课不但不会打瞌睡，而且事半功倍。”接着学生上网，找了一位补教名师的视频给我看。

哇！真是太精彩了！只见那老师不但在黑板上把历史人物之间的关系列出表格，而且详细介绍了每个人物。连他们长的相貌、用的武器、身上的装扮、走路的样子都形容出来，还一边形容一边表演。他讲课活像说书，还带押韵，逗得大家哄堂大笑。

从那位老师的教课方法可以知道，他在同一时间顾及了“视觉型”“听觉型”和“触觉型”的学生，他有重点整理、有图表、有形象、有声音对白、有押韵口诀，还加上表演动作，怪不得对每个学生都管用。

各位做父母的，你是不是以后也可以这样教孩子呢？一边指着书上的文字和图画，一边用高低抑扬的音调念出来，不时看着你的宝宝，脸上做出表情，手上加以比画，加深宝宝的印象。

各位做老师的，你就算喜欢写板书，是不是也能一边写，一边说出来？让孩子同时用视觉和听觉来吸收。你是不是也能发明些押韵的口诀，甚至用说唱的方式，绘声绘色地表现？

教育是活的，哪种方法能够让学生感兴趣，留下最深的印象，而且发挥想象力、培养创造力，就是最好的。

第三篇

“认赢也要认输”

——给孩子的人格教育

❶ 如果冰激凌掉在地上……

最近有好几位朋友建议我谈一谈生二胎的问题，因为据说当爸爸妈妈问孩子："给你生个弟弟或妹妹好不好？"多数孩子都会反对。有些父母就因为这样不生了。

这并不会令我惊讶，因为我儿子小时候也这样，每当我问他再给他生个弟弟妹妹好不好时，他都反对，正因此，我们一直没生。直到他进高中，每天早出晚归，家里空了，才再问他。他居然改了，一翻白眼，还耸耸肩，说："你们要生是你们的事，为什么问我呢？"

正因此，他妹妹比他小了十七岁。

·孩子会用大人的态度看世界

我后来常想，是不是因为他进了中学，受到同学的影响，所以改变了想法。

如果你问孩子，爸爸妈妈再生个宝宝好不好？有的孩子可能兴奋极了，又叫又跳，还可能每天俯在妈妈肚子上问："小宝宝呢？"我女儿出生后，我儿子的同学就会问他："你的妹妹好吗？多好啊！你这么大了，还能有个妹妹。"

而有些家庭的孩子似乎有种心态，就是多生个孩子，会抢去父母对前面孩子的宠爱，甚至将来分去父母的财产。

他们却没有从另一个角度想，多一个兄弟姐妹，就是多一双手足、多一个支持自己的人，会让自己不再孤独。将来父母离世，还能从兄弟姐妹那里得到亲人的温暖，从手足的相聚中重温儿时的记忆。

人格形成的关键期

今天我说这些，是要谈学龄前儿童的“人格教育”。

人格形成最关键的时期，是从出生到六岁之间，因为他们在这段时期渐渐可以分辨是非。过去六年间，他是不是在爱的环境中长大，可能会影响他未来会不会关爱别人。如果过去他听到的都是负面的语言，可能造成他也用负面的言语说话。

让我逐项分析人格教育的重点吧！

要教孩子有负责任的态度

举个例子，我有位朋友带着四岁的孩子来我家做客，我太太带他的孩子去图书馆，参加那里的幼儿班。

幼儿班的种类很多，我女儿小时候总是参加。幼儿园针对六岁的孩子开设了编书的课程，课程中会教孩子自己画插图，再装订起来，做成一本本书，让孩子有成就感。针对四五岁的孩子开设了讲故事班，老师拿着学习卡或图书，给小朋友讲故事。针对更小的孩子开设了游戏班，带小朋友唱唱跳跳做游戏，或者只是给他们各种有启发性的玩具，让他们自己玩。

我那朋友的孩子听不懂英语，年龄又小，只好去参加游戏班。下课回来，我太太偷偷对我说，她觉得好丢人，因为别的小孩在下课时，都会把玩具从地上捡起来，放回玩具箱。“我们带去的小孩”却什么都不管，转身就跑了。所幸从那天开始，我们教那孩子收玩具，隔周再去上课，他的表现就很好了。

教孩子自己拿玩具，自己收好；自己弄乱的东西，只要有能力收，就应该自己收，最起码陪着大人一起收，不能撒手不管。

这就是负责任的态度！

讲个我们家的故事。

二〇一八年初，我们和儿子全家去澳大利亚度假，有一天晚上我带着两个孩子逛街，看到冰激凌店，我就给七岁的孙女和五岁的孙子，各买了一份冰激凌，他们坐在门口的椅子上吃。

两个孩子边吃边打闹，突然孙女的冰激凌掉在地上，小丫头愣了一下，做出要哭的表情，又忍住，坐在那儿沮丧地看着弟弟吃。

这时候我说："快去店里，跟店员阿姨要一些餐巾纸，出来把地上的冰激凌擦干净，免得地面变得又滑又脏，融化的冰激凌干了不好清理，还会害别人滑倒。"

小丫头起先不太愿意，说不知怎么讲，后来由她妈妈带着进去，教她讲，拿出来一沓纸，自己弯腰把地上擦干净，再走进店里，把纸扔进垃圾箱。

出来的时候，小丫头笑得好灿烂，因为她手里又有了一份冰激凌，是店员阿姨送她的。

对这件事，我很得意，因为借机教了孙女要有负责任的态度，而且她自己弄脏、自己擦干净，更幸运的是店员给了她奖励。你说，那个晚上，七岁的小丫头是不是学到不少？

·换作别的父母，会不会一巴掌打下去？

我在报纸上看过一个故事。一位妈妈带着五岁的儿子去银行，里面有取号机，每个人进去先取号，看到哪个柜台上的显示屏显示自己的号码，就去那个柜台办事。

当天小男孩的妈妈取了一张，转身去填单子，回头被吓了一跳，只见她儿子手里拿着好多张号码。原来小男孩也学妈妈取号，而且连续取了好多。

那妈妈没有大声骂儿子，只是把孩子带到机器前面，给他解释为什么要取号。如果到时候叫到他取的号码，他手上那么多号码，他去不去？还有，他取走了那么多号，后面着急办事的人怎么办？

接着她要小男孩就站在取号机前面，手里攥着号码纸，只要有人去取号，小男孩就拿一张给对方，妈妈则站在旁边帮忙解说。

每个从小男孩手里拿到号码的人，都露出笑容，还说：“小弟弟好乖、好懂事！”

你说，那妈妈是不是也在孩子犯错的时候，以合理的方法借机会教育，给孩子上了如何负责任的一课？

小男孩从错误中学会改正，又因为懂得改正，得到大人的嘉勉。

换作别的父母，会不会一巴掌打下去？

负责任，是学龄前儿童就该学会的。负责任是为别人着想，负责任也是勇气与担当。该是你做的你就要做，是你造成的错误你就要勇于认错，而且改正。

· 培养孩子的同理心与同情心

我小姨子的儿子五六岁的时候，从外面捡回一只流浪猫，有一天小猫跳到她儿子的腿上睡着了。

小男孩看见猫咪睡得很熟，不敢动，唯恐吵醒了猫咪，有尿只能憋着。后来小猫总算自己跳了下去，小男孩先跑去上厕所，接着回来对妈妈说：“现在我懂了，那次在飞机上，我躺在你腿上睡着了，你不敢动的感觉。”

我女儿两三岁的时候，有一天奶奶在院子里捉到一只蝉，放在塑料杯子里，再盖上保鲜膜，给小孩当玩具。

小丫头得意极了，拿着杯子不断摇，蝉就不断叫，叫了一下午。我要女儿把蝉放掉，小丫头想都没想，很坚决地说：“不放！这是奶奶给我的，是我的！”

这时候我换了个方法，对女儿说：“你如果到朋友家玩，天晚了，你会不会想家？会不会想爸爸妈妈？”

小丫头说："当然会想！"

我又问："爸爸妈妈会不会想你呢？"

小丫头又点头。

我再问："这蝉宝宝也有家，它会不会想家，想它的爸爸妈妈？它爸爸妈妈会不会想它？天晚了，宝宝为什么还没回家？"

小丫头歪着头，眼珠转了转，就跟我一起打开门，走到院子里，把蝉放了。

可以说，她那一天由蝉想到了自己。如同她的表弟，从一只流浪猫的身上，想到他自己的经验和妈妈的情怀。他们把爱扩大了，有了慈悲心、感恩心。

培养孩子的慈悲心、感恩心、同理心、同情心，对孩子的人格形成是非常重要的。当一个孩子能从爱自己扩大到爱家人、爱万物，他的生命会更充实，人格成长会更健康。

② 天底下不是只有你最大

对学龄前孩子的人格教育，最重要的一项是要让他们建立守法的观念。

各位乍听，可能心想：天哪！才几岁的宝宝，而且是学龄前，有这么严重吗？

要知道，正因为是学龄前，所以更要先教他们守法。他们在进学校之前，常常是家里唯一的孩子，但是进小学之后，就会有一群同学。如果小霸王当惯了，自私自利，进学校之后怎么跟别人相处？如果不合群，甚至因此被同学排斥，会给孩子造成很大的影响。

·每个小宝宝都是自私的

首先我们要知道，人天生都是自私的，自私的人能够跟大家相处，是因为他会自制。小宝宝不是生下来就能自制，因为自私是他们生存的本能。

你注意看，是不是刚出生的小宝宝，才开始吃奶，就表现出了占有欲？他吃着妈妈的一个乳头，还用手抓着，另一只手也不闲着。他做什么？他伸出另一只手，抓着妈妈的另一个乳头。

即使宝宝用奶瓶吃奶也一样，他没法抓一个乳头，就可能摸枕头尖、棉被尖，甚至没什么可以摸的时候，会摸领子尖，或者他自己的耳垂。有时候大人要把他的小被子拿去洗，宝宝还可能哭着不让洗，你对他说："臭死了！"他还可能说是香香的，妈妈的味道。

等到他们三四岁了，可能有一天你找不到他，发现他把玩具盒子，甚至小自行车堆起来，好像围了个城堡，自己躲在其中。你过去看他，对他说：

“不要窝在黑黑的地方，有灰尘，快出来！”他会大叫：“你别过来！你别过来！这是我的家！你把我的墙弄坏了！”

说句笑话，他们是在爸爸妈妈的家里，另外盖了个小小的“违章建筑”，比较大的孩子都有这种“自立门户”的倾向。如果条件许可，很多孩子会要求大人为他们盖个树屋；家里有阁楼的孩子，可能爱躲进阁楼；还有些孩子会在院子里搭帐篷，整夜睡在里面，觉得比在卧室更自在。

他们为什么会有这样的行为？因为他们从生下来，就开始一步步离开父母。他们要占有妈妈的乳房，要占有小阁楼，要盖小城堡，因为他们要走向独立，急着长大。我们要谅解他们的自私，因为这是生存的本能。

你的也是我的

问题也就出在这儿了！为什么我们常见小宝宝们抢玩具，甚至因此拉拉扯扯，打架哭闹？

因为他们自私，而且不知自制。他们太小，没有“物权”的观念。说简单一点，他觉得每样东西都是他的。

这时候我们得教育他，甚至从宝宝很小的时候就得教育。只要他抢别人的东西，就一边阻止，一边告诉他“那是属于别人的，不是你的”。起初小宝宝可能听不懂，但是渐渐他自然会懂，不能在一开始的时候就纵容他。（很小的孩子，可能对于“你我他”这些代词分不清，为了让他听懂，你可以说名字，比如：“大毛有大毛的，不是小宝的；小宝有小宝的，不是大毛的。”）

进一步，你可以说：“因为那个玩具是大毛的，是大毛妈妈买给大毛的，所以小宝不能抢，但是小宝可以向大毛借，如果大毛愿意，小宝就可以玩一下，再还给大毛。”

你也要教自己的孩子：“小宝也可以把小宝的玩具借给大毛玩一玩啊！”

现在是不是有来有往，有了公平、有了互惠、有了友谊？这种由起初的自私到自制，到互惠的过程，不是我们一生都在经历的吗？

别宠出一个小霸王

这时候，还有一点要注意，就是当你说“那是大毛妈妈买给大毛的，属于大毛，小宝的玩具是我买给小宝的，属于小宝”时，千万别接着加一句“如果小宝要，改天妈妈给小宝买”。

这是很多父母哄孩子的时候会说的，问题是，你说你要给他买，你后来真的会买吗？你不买就是失信！

还有，当你的孩子每次跟别人抢玩具，你就给他买，也许会导致他暗自联想：“我不抢，因为我妈妈会给我买。”这下子焦点就模糊了，你真正应该教孩子的是“那是大毛的，不是小宝的，小宝不能抢”，而不是“小宝别抢，妈妈回头就给小宝买”。

如果你宠孩子，他抢玩具车，你就给他买玩具车；他抢小自行车，你就买小自行车，有一天他看上别人的豪车，你怎么办？

就算你财力够，也给他买，你是满足了自己和孩子的虚荣心，但也宠坏了孩子啊！

对孩子的人格教育，不能让他随心所欲、予取予求，不能他要什么就给什么，甚至只要他哭闹就能得到想要的东西。

所以当你带孩子去玩具店，孩子赖着不走的时候，就算你疼孩子，多少样都买得起，也不能都给他买。甚至你要故意不给他买，你可以说：“这么多样，你只能挑一件，我同意才给你买。”或者可以讲：“你哪件事情做得好，我下次就给你买。”

各位想想，单单买玩具这么一件事，孩子能从中学到多少？这都是最重要的人格教育啊！

·认赢也要认输，玩游戏就得遵守游戏规则

守法，也表现在游戏当中。

每个宝宝从很小的时候起就会玩游戏，因为游戏是学习成长最好的方法。举个例子，宝宝还躺在小床上，不会走，甚至不会爬，你站在他床前，拿东西遮住自己的脸，再把东西移开，逗他一声："哇！"宝宝是不是会笑？这是最简单的互动游戏。

他大一点，会走了，你把球交给他，叫他扔进篮子。他扔进去了，是不是会很得意？这是让他有成就感的游戏。

再大一点，你把小瓶子放在地上，叫他拿球滚过去，把瓶子撞倒，你跟他比赛，当你没撞倒瓶子，他撞倒了，他是不是很兴奋？这是有输赢的游戏。

问题是，当你撞倒瓶子，他没撞倒，他会不会生气？他输了会不会哭？他会不会把球抢过去，要多扔几次？如果扔不到，他会不会发脾气、耍赖，甚至把瓶子踢倒？

游戏，就要有游戏规则，这时候你必须教他遵守游戏规则。

对于幼小的孩子，你开始时或许可以让他赢几次，但是绝不能让他知道你放了水，也不能一直这样放水，否则会造成小孩不讲理，甚至不想自己努力，只想别人"让利"，变得没出息。

比赛常常有奖品，下棋也会吃下彼此的棋子。既然比赛有规则，那就得教孩子"有得就有失"的道理。

你一方面让孩子有赢的快乐，一方面要教他有输的风度。他要认赢，也要认输。

我儿子小时候，我就常跟他比赛投球，比如投十球，看谁进得多。我们的奖品是，输的人要立正，对赢的人说"你是真功夫"三次。

我儿子起初输球，都输得心有不甘，甚至因为态度不好被我骂。但是当他赢的时候，我都立正，向着他大声说"你是真功夫"，他渐渐就不会输不

起了。

所有跟小孩子玩的游戏，都要让他们有赢有输。如果他一直输，可能他的能力还不够，可以等他大一点再玩，否则会打击他的自信心。

相对地，如果他总是赢也没意思，反而会让他骄傲。

有输有赢对孩子来说才有挑战性，才能激发他们的潜能，也才能训练他们自制的能力，让他们知道天底下不是“他最大”。

我特别要叮嘱那些宠孩子的爸爸妈妈、祖父祖母，虽然你们家的孩子还小，可能只有四五岁，但是永远要教他自制，教他遵守游戏规则，只有这样，他入学之后才比较容易融入集体。

如果你是学校的老师，发现孩子自私自利、无法无天的时候，你除了教育孩子，也得教育他们的父母。

③ 没戴安全帽就不能玩滑板

不久前，我的孙女在玩滑板的时候，把胳膊摔断了，足足打了一个多月石膏。不过大家都说很走运，幸亏她戴了头盔，因为当时我孙女从一个斜坡往下滑，速度很快，加上地面有凹洞，她就滑倒了。如果没有头盔保护，非脑震荡不可。

我说这个故事，是要继续谈对学龄前儿童有关安全守法的教育。

·没戴安全帽就别溜冰

即使对很小的孩子，我们都要坚持一些事，尤其是关乎他们安全的，比如骑自行车、玩滑板、溜冰，都必须戴护具。这是法，大人必须严格执行。举个例子，你带孩子去公园玩滑板，说好到公园游乐场才能玩，就不能一路溜去。大人或者小孩就必须自己抱着滑板，到了适当的地点，才下去溜。就算到了游乐场，可以溜了，发现忘了戴护具，虽然已经到了，而且可能已经走了很长一段路，大人也必须执法——因为我们忘了戴头盔，所以来了也不能溜。

请不要觉得我不近人情。要知道，不近人情是为了人情，严格执法是为了安全。还有一点，你要让孩子从小就养成“遵守安全规则”的习惯。

·不系安全带，就不带你出去

为了安全，小孩子在生长到一定高度之前，在车上都得坐安全椅、系安全带。是不是有些孩子很排斥坐安全椅，就算勉强坐上去，也不愿意系安全带，甚至为了这个又哭又闹？

他一哭闹，你就妥协了吗？你以为只要大人抱着就安全了吗？我曾经看过一个影片，大人就算用尽力气，抱紧一个像小孩的东西，当车子碰撞或突然减速时，那紧紧抱着的东西都会飞出去。

所以为了孩子的安全，也为了避免大人的遗憾，更为了从小灌输遵守安全规则的观念，无论孩子怎么抗拒坐安全椅，只要你有这个设备，就必须坚持："否则，不带你出去！"

系安全带也一样啊！现在几乎每个国家都规定前座必须系安全带，有的地方甚至连后座都必须系安全带，否则会受罚。

既然有法，就要遵守！如果你上车一定先系安全带，孩子看在眼里，时间久了，自然觉得那是不必想也得做的事。

·走在路上的好习惯

训练孩子守法，最常遇到的情况是过马路时看红绿灯。为了示范给孩子看，就算你以前不太遵守交通法规，带小孩走在街上，遇到红灯也必须停下来。而且从小就要教他："现在变成黄灯了，不能冲了！""现在变成红灯了，绝对不能闯红灯，必须停下来等，等到变成绿色，才能走。"

有时候即使变成绿灯，你都得教孩子，不能一见灯变绿了，就立刻往前冲，因为很可能有抢黄灯的车正高速冲过来。

问题是，当路上根本没有车，而你带孩子碰上红灯的时候怎么办？

只要你们不赶时间，就得乖乖地等绿灯。就算别人都过去了，你也不能走。

但凡事都有变通的时候，如果你带孩子赶时间，在四周完全没有车的情况下，或许你可以先告诉孩子："当你向左看、向右看，确定完全没有车，而你又有急事，非快点过去不可的时候，你可以过。”

请不要骂我双重标准，这是我跟一群专家讨论的结果：为了你的孩子的安全，你除了要教他守法，还得教他变通，否则可能有一天孩子急得不得了，又碰上红灯，大家都不遵守交通规则，穿越马路，你的孩子站在路边犹豫又犹豫，终于忍不住地冲过去。砰！因为他最慢，反而被撞了！

而且路上不是都有红绿灯，碰上没有标志的时候怎么办？当然他要学着判断！

除了过马路，很多孩子喜欢在马路上跑，也是要小心的。

第一，你要教他尊重其他行人，告诉他乱跑乱冲会影响别人。

第二，你要告诉他，就算在不影响别人的情况下，他要跑几步，也必须在路口之前停下来，更不能从人行道一下子跑上马路。只要有红绿灯，宁可绕路多走几步，也得从斑马线过。他甚至不能走在太靠近马路的地方，以免快速飞驰而来的车造成危险。如同地铁车站标示的，当列车进站的时候，必须站在离站台边缘一定距离之外。

孩子上下车也要注意，许多小孩看到车来，就兴奋地往前冲，下车之后也不看四周，直接冲下车。这些举动都很危险，必须从孩子很小的时候就教：“先看清四周，再上车、下车！”

·排队是基本的教养

排队的好习惯，是必须从小训练的。

你可以问孩子，如果他排了半天队，有别人插队进来，他会不会不高兴？“己所不欲，勿施于人。”他不喜欢别人插队，所以他也不能插队。

·扔垃圾的好习惯

由扔垃圾的态度，也可以看出国民素质。

我记得我女儿十七岁的时候，我带她去贵州山区，探望一个患有眼疾的小朋友。主人切了西瓜招待大家，我女儿把西瓜子吐在手里，攥了半天，不断问："可以扔到哪里？"那家主人一笑说："你看，满地都是瓜子，吐在地上就成了啊！"但是我女儿坚持，非找到垃圾桶不可。

还有一回，我带她去长城，下山之后看见卖土特产的摊子，她吃了几个果子，也攥着果皮，不知怎么办。摊贩笑她："你没看到地上都是果皮吗？"我女儿说："别人扔是别人的事，我就不随便扔。"

我女儿会有这种表现，是从小训练的结果。那时候垃圾分类还未普及，但是近几年大不同了，许多地方，不但有跟环境搭配的垃圾桶，而且要分类。这是个非常好的教育机会，当大人带孩子走到垃圾桶前面，可以问孩子："什么东西能够回收，将来可以再利用，避免浪费？"然后要孩子自己想，他手里的垃圾该扔进哪个箱子，再叫他自己把垃圾放进去。单单这么一件小事，就教导了孩子环保、惜物，同时让他自己思考、自己完成。

·有规矩的好处

要孩子守法、守规矩，就一定要严格执法，因为许多规矩是要养成的，"不以规矩，不能成方圆"，"规"和"矩"是画图的工具，也是一种限制。没有规的限制和引导，你就画不出很好的圆形；没有矩的限制和引导，你就画不出准确的方形。

当孩子懂得守法守规矩和遵守游戏规则之后，有个很大的好处，那就是他更容易被管教。

举个例子，今天你带小孩上街，等红绿灯、过马路、排队上车、依序下车，再走到朋友家，让你的孩子跟那家的小朋友玩。这时候，你先说“咱们五点必须离开”，然后告诉他钟表上的长针指到12，短针指到5的时候，就是五点，必须走。而且在走之前，要帮小朋友把玩具都收好，把吃完零食后剩下的空的袋子和盒子扔进垃圾桶。然后爸爸会开车来接，上车之后要乖乖坐安全座椅、系安全带。

这一连串的行为，都是规矩，有一定的“法”可以遵守。

当你家宝宝从很小就养成守法、守规矩的习惯，而且因为你坚持原则、执法严明，宝宝知道不能跟大人耍赖，不能讨价还价的时候，是不是一切都会进行得很顺利？这就是人格养成教育的良好结果！

对了，最后我要补充一点，刚才一开始，我说孙女摔断了手臂，是因为从一个斜坡往下滑滑板。说实话，她虽然戴了安全帽，但还是犯了个错，那就是在不适合玩耍的地方玩耍——还没到公园的游乐场，已经迫不及待地把滑板放下，开始顺坡滑。

这是孩子的错，也是大人的疏忽。

④ 哄娃神器：孩子能不能看电视？

以前小孩子都不喜欢跟大人去吃酒席，有些孩子一听说要带他们出去应酬就哭。为什么？因为吃酒席时间太长，他们觉得无聊，受不了。

但是现在不同了，你带小孩去，他吵闹，你只要拿出个平板电脑或手机，找到小孩喜欢的节目，他们就会乖乖地黏在屏幕前面了。

·哄娃神器家家有

电视屏幕实在是神奇的东西。让我最有感触的是有一回跟儿子全家出游，才上车，两个小鬼就又哭又闹，令我头疼。这时候我儿媳妇说“简单”，接着按了一个钮，两个小鬼就安静了。

原来在他们前面的椅背上有个小屏幕，儿媳妇按个钮，播出他们爱看的节目，他们自然就不吵了！

电视可以控制小孩，但是小孩是否能看电视也引起了很大的争议。小宝宝从多大起可以看电视？一次可以看多久？会不会伤到他们的眼睛？会不会造成以后学习的问题？相信这都是父母关心的问题。今天咱们就来谈谈小孩看电视吧！

·这是个电子时代

打游戏不尽然是坏事。许多实验证明，打游戏可以训练反应力，很多空军基地就设置电子游戏机，因为而今的游戏不只是按钮发射，旁边有许多信息，要一边打一边注意，前面雷达发现了什么？机舱里的弹药是不是需要补充？附近有什么地形和掩体可以利用？都跟空军战斗机驾驶面板上显示的很像。

会打游戏的人，据说也对操作遥控的机械比较容易上手，比如用内视镜动手术的“达·芬奇手术机器人”，技术熟练的医生能够借助屏幕，去做复杂的手术。

问题是，无论是飞行员还是外科医生都是成年人，打游戏对年龄比较大的孩子和比较小的宝宝，可能影响大不相同。

·电视可能造成的伤害

首先是，看电视对儿童的视力会不会有坏的影响？

相信绝大多数的人会说有害，事实上也有害，但那是因为孩子离屏幕太近，看得太久或是在黑暗的地方盯着小屏幕看造成的。当四周都是黑的，只有一个小屏幕发亮时，不但落在视网膜上的光点很集中，而且每当眼睛看向黑暗的四周，瞳孔会放大，接着回到很亮的屏幕，瞳孔又缩小，如此反反复复，眼睛容易疲劳。但是如果控制孩子看电视的时间，不让他们眼睛过度疲劳，同时注意看电视的距离和灯光，电视对眼睛的影响是有限的。

其次是，宝宝从多大开始可以看电视？四十年前小孩四岁开始看电视，现在宝宝四个月就开始看。四岁没问题，四个月可就有问题了！

零到三岁是儿童大脑快速发育的时期。为了适应外面的环境，宝宝从出生起，他们的大脑就必须快速发育，以神奇的速度生长。仅仅两岁的宝宝，他们的大脑就足足比初生宝宝的重了两倍。也就在这期间，大脑神经元的联结会快速发展，建立起绵密的网络。

他们怎么建立？

他们看生活的需要来建立！

这么说恐怕不容易懂，咱们换个比喻：小宝宝出生的时候，因为要通过狭窄的产道，头不能太大，脑也不可能太大。但是既然到了这个世界，就得快快适应。出生的时候他们的大脑就像只有一间小小的房子，为了储存更多东西，短短两年间得扩建成三倍大。问题是，里面要怎么设计隔间？水电管线要怎么拉？只能看当时的需要来做。

也可以说小宝宝脑里的“设计规划”，是为了配合需求而量身定做的。一个从小就在乡野跑的孩子，跟在城市街头串的孩子，大脑的发展会不一样；从小听古典音乐还是热门音乐，也可能造成脑里的差异。

这下麻烦了！孩子从三岁到二十岁，大脑虽然还会发育，但是成长得非常有限。如果小宝宝三岁之前接触的东西跟十几岁以后很不一样，他原先的设计规划可能会变得不适用啊！

为了避免这个问题，我们必须非常注意幼儿在三岁以前接触到的东西，好比在他们扩建房子的时候，不要送给他们很奇怪的东西，免得他们为了存放这些东西，而把房间设计得怪怪的，以后要改都难。

·电视跟真正生活的差异

对孩子大脑的诸多影响中，最显著就是电视的影响。

首先，小宝宝看电视节目跟玩耍是不一样的。这是因为电视节目是现成的，放什么孩子看什么。而且给小孩看的节目，多半以动作为主，对白很少。所以有研究结果显示，看电视长大的宝宝可能学到的词语比较少。

第二点，电视是平面的，就算是3D电视，也不等于实际的生活。举个例子，小宝宝看电视里搭积木，就不等于他自己搭积木。他自己搭的话，必须亲手拿积木，可以搭好再拆，或者垮了重建，又能从每个角度去看积木，感觉是大不同的。

第三点，电视节目的节奏，多半不等于现实生活的节奏。因为电视节目经过剪辑，内容不连贯，而且常为了吸引观众，把节奏设置得很快，声音调得很大。

如果一个小宝宝从小就盯着电视上瞬息万变、跳来跳去的画面看，回到现实社会后，会有不适应的问题。

举个例子，他在电视里看到的马，都是千里神驹，甚至长了翅膀的飞马。当他习惯了那种画面，有一天看到真的马，虽然先会感觉新鲜，但是过不久可能就会觉得真马不够精彩，而失去兴趣。在课堂上，因为老师教学不如电视节目般精彩刺激，孩子也容易分心。

·幼时多看电视会影响以后的注意力

美国西雅图儿童健康行为及发展中心主任迪米特里·A.克里斯塔基斯医生（Dr. Dimitri A. Christakis）曾经发表研究报告：

儿童在三岁之前看电视看得越多，七岁之后越可能有注意力不集中的问题。因为他们的大脑已经适应快速的节奏和声光变化，一般生活的场景和课堂上比较静态的东西，不容易吸引他们。他甚至统计出三岁之前每天平均看一小时电视，七岁时的注意力可能减损百分之十。

问题是，我们是不是就要全面禁止三四岁之前的幼儿看电视了呢？对于多数的家庭来说，这是不容易办到的啊！很多父母根本就把电视当作“哄娃神器”，大人一忙，就把电视打开。小宝宝也从刚会走路，就可能盯着电视看《玛莉有只小绵羊》，这要怎么办呢？

很简单！既然三岁以前是建立脑神经元联结的重要阶段，那就别让他们接触声光变化太强的节目，我们可以给他们看些节奏较慢的节目，尤其是跟日常生活息息相关，由真人演出的节目。即使看卡通片，也可以选《芝麻街》和《小熊维尼》那样节奏比较慢，而且有教育性的节目。我自己就发现，好几次孙子说出稀有动物的名称，都是从电视教学节目里学到的。

·让孩子自己把电视关上

让孩子看电视，还有个重要的原则，就是该停的时候就得停。

相信这是很多人家常见的场面：要吃饭了，大人们已经坐在桌前，小鬼还在客厅盯着电视不上桌，非等大人责备，或者把遥控器抢过来，把电视关掉不可。不过我建议让小孩自己关，既然是他们开的，就得由他们关，再舍不得也得关。而且这个习惯要严格遵守，今天不遵守，明天就不准看电视。

最后做个总结。我认为幼儿可以看电视，但是三岁之前要少看，而且不能看声光变化强烈的东西。三岁以后也要节制，看电视的时间不可多于跟父母互动的时间。大人还得尽量带孩子阅读、玩游戏、聊天，让孩子觉得那跟看电视一样有意思，甚至更喜欢这些温馨互动的时刻。只有这样，将来他才不会完全无自制力地被电子游戏吸引、跟现实脱节，甚至沉迷电子游戏，不能自拔。

⑤ 放长线钓大鱼：让孩子学会自制的秘诀

我小姨子是高龄产妇，四十三岁生了个“怪咖”儿子，这小孩很难管，上课上一半，他会突然站起来在教室里四处走动；老师教一半，他会突然插嘴，向老师提出不同的意见。所以，在学校里他是个让老师头痛，甚至被同学排斥的人物。幸亏他有个学特殊教育的妈妈。（我想，当然我也是猜的，正因为这孩子特殊，使他妈妈后来不得不去进修，才成了这方面的专家。）

·在校自学的“怪咖”

因为孩子是班上令人头痛的人物，我小姨子居然去跟学校谈，请学校给他儿子另外找个地方，申请语文、英语、数学、物理、化学五科都不进教室上课，而让他一个人在那里自学。据说这是全台湾唯一一个“在校”却“自学”的学生。

当时，有些老师不同意，拿出孩子的成绩单，指着上面的成绩对我小姨子说：“你看看这成绩，很一般，怎么能自学？”经过我小姨子再三请求，老师才勉强同意。

两年在校自学结束，各位猜猜，结果如何？

这孩子居然以全校第一高分，考取第一志愿——台湾大学的物理系，而且以高分获得荷兰莱顿大学物理系的入学许可。后来他选择进台大，据说现在二年级的他如鱼得水，因为系里面一大票同学也是“怪咖”。

这件事证明，每个孩子不一样，要用不同的方法教。

·“等一下”这句话很好用

有一天，我问我小姨子怎么教她的“怪咖”儿子，她对儿子最常说的一句话是什么。

我小姨子说：“等一下！”

我等，等了半天，她还没说，我就又问一次。

她又说：“等一下！”

原来她最常对儿子说的一句话就是“等一下”。

于是我们讨论“等一下”的道理，我发现“等一下”对每个孩子都是很重要的。

延迟满足的实验

首先，在心理学上有个概念叫“延迟满足”，并且有一个非常著名的“棉花糖实验”，是由美国斯坦福大学心理学教授华特·米歇尔（Walter Mischel）在二十世纪六十年代设计的。

他给一群学龄前的小孩每人发一颗棉花糖，对小孩们说，你可以马上把糖吃掉，也可以等，等我出去十五分钟回来之后再吃。如果你们能等，到时候我会再多给能等的人每人一颗糖。

有些小孩迫不及待地把手里的糖吃掉了，也有些小孩用各种方法，压制自己要吃的冲动，比如不去看糖，装睡，唱歌，或者把眼睛遮住，硬是忍着不吃，等大人回来，好多孩子又获得一颗糖。

华特·米歇尔的团队在接下来的十几年里，持续追踪观察那些孩子，发现能够“等一下再吃”的孩子，长大之后，不论在学业上还是在工作上的表现，都比“立刻吃下”的孩子强得多。他们学术水平测验考试（SAT）的成绩更高，更能压制自己的欲望，更深思熟虑，能忍受挫折并且抗拒诱惑。

这就是“延迟满足”！“我可以满足你，但不是现在，而要你等一下。”“你为了得到更好的成果，必须压制自己，等一下！”

宝宝必须学习忍耐

前面我曾经提到，当婴儿啼哭的时候，大人可以观察宝宝的需要，但是不一定要立刻满足宝宝。有时候，甚至可以“等一下”再去管宝宝。如果宝宝一哭，你立刻抱他、喂他，可能会让他认为“哭可以立刻换来大人的疼爱”。这里的“等一下”，已经是对小宝宝的训练。

当孩子大些，你更要常常让他等一下。当他从外面回家，急着要看电视，或要吃东西，你叫他等一下，先去洗手。当他要你帮他什么事，你要他等一下，而且跟他讲理，说：“妈妈去准备，你不要急，等一下！”如果他因此大哭大闹，你就更要叫他“等一下”！

为以后着想的“等一下”

带孩子出去游玩，你事先叮嘱：“现在旁边有厕所，你最好去上一下，否则等一下就没有厕所了，如果你非上不可，会很麻烦。”

这个“等一下”，是告诉他要往后面想一想，也可以说是要早早考虑，事先做防范。

如果小孩不听，后面突然要尿尿，你又得叫他“等一下”，等爸爸妈妈为你找地方，不能随地小便。前面这两个“等一下”，一个是为未来着想，一个是当下要自制。

更深一层的“等一下”，是教孩子优先级。比如吃饭的时候，桌上也摆了甜点，小孩一上桌就伸手抓甜点，你告诉他“等一下”，等把正餐吃完了，再吃甜点，甜点要“等一下再吃”！

小孩闹，你也不能妥协，必须等他吃完正餐，才能吃甜点。你可以干脆把甜点拿走，甚至因为他闹而根本不给他吃甜点！

这么做，是因为你要训练他自制和计划的能力。

计划自己的时间

你也可以教孩子“等一下”，想想哪件事先做、哪件事后做，或者等一下一起做。比如吃完饭了，小孩正要把碗拿去厨房，你对他说：“等一下！等爷爷那口饭吃完，你可以把爷爷的碗一起拿过去。”

或者当小孩要去幼儿园的时候，你告诉他：“等一下！妈妈有个东西，请你顺便交给老师。放学之后，不要急着跑，你要等一下，去问老师能不能帮你签名。”

对大一点的孩子，你甚至可以教他计划一系列的事情。比如你带他放学回家，看到邮差送来几封信，有孩子的儿童读物、家里的账单，也有奶奶的信。孩子急着要拆他的儿童读物，这时候你叫他：“等一下！先把书包放下来，把奶奶的信送去奶奶房间，再把账单放在妈妈的书桌上，再看你自己的。”

不要认为这没什么道理，要知道如果你能把孩子培养得从小就有计划、凡事有顺序，一步步去完成，对他未来会很有帮助。

·妈妈爸爸也可以等一下

“等一下”也是安抚小孩的一种方法。

举个例子，你带孩子去朋友家玩，到时间，你要带他走了，他跟朋友的小孩玩得正开心。这时候你非要他立刻走，他八成会吵闹，你可以用个方法，就是：“好！我等你一下，让你多玩十分钟。你自己看着钟，长针指到2，我们就得走。”

说实话，小孩对时间没什么概念，这时候，他看你妥协了，让他多玩十分钟，八成会很开心，不吵了，继续去玩。但是当他答应你“等一下”，你已经给了他特别的通融，对他让步，等他一下，那么当长针指到 2，你再叫他，他就不能再抗拒（如果抗拒，绝不能妥协）。

所以“等一下”也是缓兵之计，而且孩子越着急，越不愿意等待，或者越是冲动的时候，你越要叫他等一下。

等一下，你好好想想

“等一下！你先别急！你先想想，你这么要求对不对？你先想想，你的身高不够，不让你坐云霄飞车，是为什么？是为了你的安全啊！如果你硬是坐上去，因为你个子太小，安全带系不紧，飞到半路，把你甩出去了，怎么办？所以你要等一下，等一下哥哥上去玩完，我们再去找下一个你可以玩的项目。而且等你明年再大一点，够高了，就可以玩了。”可以说，等一下，是教孩子等待，等时机成熟；也是教孩子冷静，细细想想自己有没有道理。等一下还是教孩子“这世上不是只有一条路、一种选择。你可以等一下，找另外的一条路”。

各位想想，如果孩子从小就知道自制，就知道计划，就知道用时间换取空间、用时间换取更好的回报，甚至就知道可以等一下把事情集中了，再一起完成，是不是更能事半功倍！

说话要算话

“等一下”确实是教小孩的好方法，但是有个原则，就是大人要有信用，比如“曾子杀彘”的例子，曾子的太太有一天要上街买东西，孩子追着哭，曾子的太太就哄孩子：“你先回去，等下我回来给你杀猪吃。”等曾子的太太回来，曾子就要去杀猪，太太阻止说她只是骗小孩的。曾子说：“就算是小孩，也不能骗。小孩子处处跟父母学，听父母的教导，你说话不算话，是教孩子欺骗。妈妈欺骗孩子，孩子不信妈妈，怎么能算是好的教育？”接着就真去杀猪，烹给孩子吃了。

同样的道理，大人可以叫孩子等一下，但是那“等一下”不是“就算了”，所有的“等一下”，后来都要兑现！

“等一下给你吃。”到时候就得给他吃。

“等一下带你去。”到时候就要带他去。

“等一下找不到厕所就麻烦了！”到时候果然孩子得憋着尿，四处找厕所。

“等一下，我让你多玩十分钟。”到时候，你还不走，就一定会被处罚。

“等一下”是要求，也是允诺！

“等一下”是亲子之间建立互信最好的方法！

第四篇

真正的教养在家庭

——让孩子受用一生的教养礼节

❶ 教孩子说话的方法：别把孩子的话说光了

我有个朋友，夫妻都很爱说话，问题是他们的孩子即将满三岁，好像什么都听得懂，却不会说话。后来发现，原因正是他们夫妻把孩子照顾得太好了。孩子要吃奶，才看一下奶瓶的方向，奶嘴已经塞在嘴里。孩子要玩玩具，才看一下，玩具已经放在孩子的手上。孩子要吃东西，才看一眼，食物已经拿到孩子面前。

也可以说，他们的孩子挺大了都不爱说话，是因为根本不必说，太爱讲话的父母把孩子要说的话全说了。

也有的父母对孩子"开口讲话"过度紧张，孩子不说话，就说孩子笨，或是用指责的方式逼孩子开口，甚至急着带去看医生，结果孩子因为紧张，更不敢开口了；还有的家长觉得无所谓，认为"大鸡晚啼"，甚至把这当作笑话，任由孩子用哭闹来表达，忽略了孩子语言发展重要的黄金期。

教孩子说话，要说多少？要怎么说？看起来最简单的事，其实学问很大。下面我们就来讨论怎么跟孩子说话。

· 对孩子用柔和的语气说话

我们从有生命的那一天（这还不是讲我们降生的那一天，而是成为"受精卵"的那一天）开始，就会感觉到妈妈说话。不但说，而且是对着我们说。

是啊！宝宝在妈妈的肚子里，妈妈的声带，距离宝宝不过一尺多，而且是"内部传达"，宝宝当然听得到。所以，宝宝是听着妈妈讲话被孕育的。

既然宝宝听惯了妈妈的声音，生下来之后妈妈当然应该继续对他说话，否则只怕宝宝会觉得一下子被冷落了。

所以从宝宝生下来的第一天起，妈妈就要小声对宝宝说话，明明知道宝宝听不懂，也要说。你可以说："宝宝好可爱！""宝宝好漂亮！""妈妈好爱宝宝！"初生的小宝宝虽然听不懂，但也能从妈妈温柔疼爱的语音里感觉到妈妈的爱。在爱里成长的宝宝，身体和心灵都会更健康。

也正因为宝宝听不懂，你更要注意语气，就算你平常已经扯着嗓子吼惯了，怀了宝宝，为了胎教，也得改为温柔的声音。至于生下宝宝之后，过去隔着肚皮的声音，变成直接面对，为了不惊吓到孩子，也为了表现"爱"，当然更得柔声细气地讲话。即使在宝宝睡觉的时候，都可以轻轻地为他哼歌，柔声地对他讲话。那声音会在睡眠中，深深地进入宝宝的心灵："多好哇！妈妈在我身边保护我，还说她好爱我。"

这种对宝宝说话的方式，即使孩子已经长大了，都适用。如果你的孩子上小学了，晚上睡觉的时候，你轻轻拍他，说你好爱他，那种幸福感也会进入孩子的梦乡。

· 要面对着孩子说话

许多心理学家研究发现，当宝宝看着妈妈，妈妈也盯着宝宝的时候，说话的效果最好，宝宝能专心听，母子互动的效果也棒。

相对地，当宝宝对着你咿咿呀呀，你却转头看电视、侧身玩手机，宝宝对你的"呼唤""示好"，得不到你的正面响应时，宝宝是有挫败感的。宝宝的心理很微妙，他要通过妈妈（或照顾他的大人）对他的态度，来肯定他自己的存在。还有一派心理学家，认为宝宝头大大的，脸圆圆的，还能发出咿咿呀呀的可爱声音，就是天生要吸引大人的注意，博取大人的疼爱。

这时候，你能不给他最好的反应吗？也许你过去认为宝宝什么都不懂，你喂宝宝吃奶只是完成工作，经常在喂奶的同时做别的事。现在，你最好改一改，记住：你怀里的小宝宝正在注意你有没有关心他，你有多爱他。

·注意对宝宝讲话的声调

据研究，上下高低抑扬的音调更容易吸引宝宝。举个例子，同样说“看！树上的小鸟好可爱哟！”这句话，你用平平的声音说，跟你带一点儿兴奋的口吻稍稍提高音调说，当然后者给宝宝的感觉更好。所以就算你心情不好，或者很累，当你带小宝宝的时候，也要把兴趣提起来。你有兴趣，宝宝才能有兴趣。你提不起劲，怎么能让宝宝开心呢？

·发音的方法要正确

宝宝一到三岁之间，是大脑神经元建立联结最重要的阶段，母语也最容易被宝宝吸收。所以，如果你希望宝宝讲话标准、好听，从宝宝很小的时候就要注意。我就见过一些妈妈，原本讲话没有卷舌音，只因为要跟自己的宝宝说话，硬是自我纠正。还有些外籍配偶，原本中文说不好，为了教自己的孩子，主动跑去上“中文班”。

还有些美国家庭，为了让孩子将来能说中文，特别高薪聘请能讲普通话的保姆，美国总统特朗普的外孙女就是一个例子。

·注意使用叠字

为了加强孩子的注意力和改善孩子的学习效果，我们对小宝宝讲话常常用“吃饭饭”“要便便”“吃奶奶”“喝水水”“狗狗”“猫猫”“玩玩”“打打”“困困”……这类的叠字。

在这些叠字中，比如“狗狗”，可能一直到成年，大家都还会使用，觉得

"狗狗"比"狗"显得更可爱、有童心！

问题是，大部分的词，到最后总要回归正常的说法。"吃奶"就是吃奶，"喝水"就是喝水，所以随着孩子的成长，大人要逐渐把句子调整回来，不能一直用那样的说法。有些大人还喜欢用小孩说话的音调讲话，更不恰当。因为，孩子在向你学习，不是你向孩子学习；孩子正在模仿你，你不能模仿孩子。也有一派说法认为，大人从开始就不必用叠字，因为孩子要学的是标准语言，并不会因为说叠字而让孩子理解或学得更好，反而是不说叠字的孩子，语言能力发展比较快，发音也比较标准。

·说直接的句子，不要绕着圈子暗示

举个最简单的例子，当你看到孩子爬到很高的地方，千万不能大喊："你要死啊？"因为孩子听不懂，还可能因为你这一吼，吓一跳，真跌了下来。

你应该直接说："下来！快点下来！"等他下来之后，再解释给他听："刚才你爬得太高了，危险，如果摔下来会受伤，下次别爬那么高了！"

当你给孩子夹菜，或帮他的时候，一开始要教孩子："说谢谢！"接下来可以进一步问他："谢谢谁啊？"渐渐让孩子把这两个短句变成一个句子："谢谢妈妈！""谢谢阿姨！"

然后，你可以再进一步问孩子："谢谢妈妈什么啊？"让孩子想、教孩子学，说："谢谢妈妈为我夹菜。"这种教育方法，可以让孩子更深一步思考，而不只是应付地说声"谢谢"。而且如果你的孩子总能在谢谢后面加上感谢的对象，比如"谢谢王阿姨""谢谢李妈妈"，会给人更有礼貌的印象。

·说正面的话

再举个例子，从外面回家，孩子把鞋子脱掉，你要他把鞋子摆整齐，不要乱踢乱扔，只需要直接说：“把鞋子摆整齐、摆好，才是好习惯。”不必说：“鞋子不摆好，小心等下爸爸会打你！”更不必恐吓小孩：“你不把鞋子摆好，等下警察会来抓你。”

因为孩子是做他应该做的事，不是因为怕受处罚而做，你必须从孩子小时候起就教他以主动的态度做事，并且从正面看事情。

· 用清晰的语音说话

孩子在初学讲话的阶段，你讲得越简单明确清晰，他学得越快。比如该吃饭了，你对孩子说：“宝宝肚子饿了，对不对？现在妈妈喂宝宝吃。”如果每次喂孩子吃饭，你都重复这一句，他很快就能学会。

宝宝都对电视广告特别感兴趣，就是因为广告是重复的，他从熟悉到模仿最容易。所以，教孩子说话，起初不要说得太复杂。

② 优雅的语言是门艺术：越是理直，越要气和

四十年前我刚到美国，有三件事让我印象深刻。

一件是我上下车时关车门，好几次发现美国朋友会用特别的眼神看我。有次终于碰上个心直口快的美国人，问我是不是不开心。

我说："没有啊！你为什么那么问？"

那美国朋友摸着胸口笑笑："你关门那么重，我还以为你不开心呢！"

我当时心想，我关门重了吗？我在国内都这样关车门啊！从小我母亲就总是叮咛我上下车要用力把门关紧。

第二件印象深刻的事，是我的房东对我说："关水龙头轻轻关上就好，不必那么用力，用力太猛，里面的橡胶垫反而容易坏。"接着他好奇地问我："你在你的国家很用力地关水龙头，是不是因为你们的水龙头质量比较差，容易漏水，不用力关不紧？"

这件事让我印象深刻，因为他伤了我的自尊心。

第三件事也令我伤心。有一天我跟几位老华侨走在街上，听见远处人声喧哗，一位老华侨就说："一定是中国人，讲话那么大声。"他的话又刺伤了我，所幸他又加了一句："我们以前也讲话很大声，因为我们老家的居住环境很嘈杂，大杂院，讲话不大声不行。"

从这三个例子可以知道，即使是一个小动作，都可能反映你的成长环境。那么，以今天国内的情况——车子一家比一家好，水龙头设备一家比一家新，门窗隔音也比以前好，我们是不是也应该轻轻关车门、温和地关上水龙头，而且小声说话呢？

· 教孩子小声说话

为了让我们的下一代更优雅，我们应该在孩子小的时候，就放低音量跟他们讲话。

教孩子放低音量有很多好处。首先，当你把声音放小，就得先控制自己的情绪，不能冲动。你既然不跟人家比嗓门，比谁的声音大、气足，当然就是比“谁的理直”。

控制音量是讲理的第一步！

为了让孩子懂得讲理，大人从孩子一出生，就应该跟他轻声细语。你是说给孩子听，不是说给大家听，你们彼此听到，不是就够了吗？

说话的音量是可以被感染的。当你走进图书馆，自然会把动作和声音放小，对不对？同样的道理，当你走进一个吵得像蛤蟆坑和鸡窝的餐馆，是不是自然会扯大嗓门？我有位开中餐馆的朋友，他餐馆里的客人特别安静，我问他怎么办到的。他一笑说：“简单！就是即使客人大声问话，我们都弯着腰，靠近他们，用很小的声音回答。加上四周客人说话的声音都不大，就算是原来爱扯着嗓门讲话的人，也自然会改。”

所以，如果你一直都是个大嗓门，现在有了孩子，也可以试着把声音放小。由你开始，来感染孩子吧！

轻声细语还有个好处，是使你有比较大的“表现情绪”的空间。举个例子，如果你平常已经是个大嗓门，今天生气训孩子，你还能把声音放多大？相对地，如果你平常都轻声细语地对孩子说话，今天稍稍把音量提高，孩子是不是就能有所警觉？不只是对孩子，对每个人不都一样吗？一个平常和颜悦色的人，哪一天只要把音量加大，四周的人都能感觉到：“他可能有话要说，他可能心里不痛快，要发作了！”

更高的境界是：即使你生气要骂人，也可以用语气来表现，而不是用声音来表现。这对孩子来说是很好的教育机会，我见过很多有教养的孩子，即使在学校吵架，也都把声音压低，唯恐打扰别人。也在宴会上看到过，妈妈教训孩子时，压低声音骂，孩子虽然不服，也压低声音回答。各位想想那画面，是不是表现了双方的自制？一个从小就能自制的孩子，长大之后会更懂得控制情绪，与人相处。

· 给孩子正面的能量

什么叫正面的能量？很简单，孩子把杯子打翻了，你赶快帮他扶起来，看他身上有没有弄湿。这时候，你说："还好！杯子里还剩一点儿呢！快喝了！幸亏没弄到身上。桌子脏了，你看阿姨过来擦了，等下谢谢阿姨。"

如果孩子够大了，更好的做法是：一边说没关系，一边教小孩把杯子扶起来，自己看看衣服有没有湿，然后叫小孩去拿抹布来把水擦干净。如果刚好阿姨拿了抹布过来，最好也能让阿姨把抹布交给孩子，教孩子自己擦，同时也要谢谢阿姨。这样产生的正面能量更大，因为小孩能同时学习到自己该如何面对问题、解决问题。

相对地，有些家长看到孩子打翻东西，也不问青红皂白，先过去一巴掌，大声骂。接着孩子哭了，又一巴掌："不准哭！"

各位想想，这两种教育方式有多大的差异！

当一个人成长在能从正面思考的家庭，他的挫折耐受力会比一般人强，将来遇到任何不顺的事，都会从"感恩"的角度想："幸亏没有人受伤！钱被偷了，还能再赚！""碎碎平安，碗砸了，人没割伤，算是幸运的了。"

现在请各位想一想，你自己小时候，家里都用怎样的方式讲话？当你考出了好成绩，朋友夸你，你妈妈对朋友怎么说？她会说："一分耕耘，一分收获，你很努力，所以考得不错。"还是只要有人夸你，她就哼一声："得了吧！蒙上的！"

当有人赞美你祖母健康长寿，她会说："感恩！感恩！托大家的福！"还是说："嗐！混吃等死啊！"（因为很多老一辈爱用负面的说法表示谦虚。）

当你出门玩，你爸爸会说："你不会又搞到半夜回来吧？小心被人抢！"还是说："早点回来！现在治安不好。"

孩子冷天出门，你会说："为什么穿那么少？你想着凉啊？你上次感冒还不够吗？"还是说："天凉，多穿点，免得再着凉。"

当你出国旅游，被扒手扒了，你会说："怎么不扒别人，扒我？我真倒霉！"还是换个角度说："希望大家因为听说我被扒，下次去这个国家能加倍小心，不被扒。"

请注意！如果你生长在一个总是从负面思考的家庭，可能你也习惯于负面思考，如果你不改，你的孩子也就可能习惯于做负面思考，即使是遇到正面的事，都用负面的语气表现。这是很不健康的，必须改正！因为这样说话的人，会喜欢揶揄别人，惹人嫌，而且会影响他自己的快乐指数。

③ 教孩子说，等宝宝想

虽然人有天生的差异，有的孩子说话早，有的学话慢，但是大人都必须尽力教他们。因为说话是为了表达，孩子心里有话要说，却说不出来，甚至因为说得不对，让大人会错了意思时，都会很焦虑。我们经常看到孩子大哭，面红耳赤、手脚乱挥地吵闹，常因为他们不知道怎么表达，或者表达了，大人却会错了意。

今天我们继续谈怎么教幼儿说话。

·利用机会教育

最能让孩子记住的话，是当他碰上问题却不会说时，你及时教他的那些，也是他眼睛看到，同时耳朵听到的那些。举个例子，他不认识海鸥，有一天你带他去海边，一边喂海鸥吃东西，一边说："海鸥！海鸥！我们喂海鸥吃东西。你瞧！爸爸把食物扔在空中，海鸥自己就会飞过来接住。"我敢保证他马上就会记住"海鸥"了，一辈子也不会忘。

进一步，你可以把每一个动作，都用语言来解说。举个例子，你为宝宝穿鞋子，不要只是一声不吭地帮他穿，而是可以一边穿一边说："妈妈帮宝宝穿鞋子，宝宝坐着，妈妈蹲着，先穿左脚，再穿右脚。这边是左边，另一边是右边。"这样做对宝宝帮助非常大，妈妈有耐心一步步说，宝宝在生活中自然学习，听得多，积累的词语多，很快就可以自主表达了。

孩子要喝果汁，你一边去拿，一边配合正在做的动作说："宝宝要喝果汁，妈妈打开冰箱，拿出果汁，妈妈把果汁倒在杯子里，把果汁放回冰箱，把冰箱的门关上，再把果汁交给宝宝。"

你每做一个动作，就解说那个动作，因为宝宝既能看到，又能听到，加上此刻他需要，会学得特别快。孩子的逻辑概念也会从妈妈叙述的顺序中建立起来。

我们常说，要学一种语言，最好生活在那种语言的环境中。

这种教法不是“灌输”，而是“浸润”；不是“硬学”，而是“生活”。它可以让人在不知不觉中学到很多东西。我女儿小时候，我在冰箱、电视、椅子、沙发、大门上面都贴一张纸，上面写着那些东西的中文，每次说到那些东西，我就指着上面的字卡一个字一个字地讲。没多久，我女儿不但认得了冰箱、椅子、电视、沙发，而且认识了那些字。

一个在多种语言家庭长大的孩子，自然会多种语言，都不是有人硬教他，而是他在不知不觉中学到的。了解了这一点，大家就不要怕爷爷奶奶的方言会影响孩子学中文，也别怕孩子吸收不了。虽然有些孩子会因为接触的语言太多，学得慢一点儿，但是请各位放心！他们都能懂，而且不会搞混，以后自然会“对谁说谁的话”，这是本能，也将变成孩子的能力，还是你几乎不费力就能留给孩子的智慧财产。

· 聆听孩子，让他清晰地表达

聆听！这不论对大人还是对孩子都是非常重要的，因为聆听表示你在注意他，你在等待他，等他把话说出来。

上次我说有对朋友夫妇因为太爱说话、太宠孩子，根本不用孩子开口，就侍候得无微不至，所以他们的孩子很大了，还不会讲话。不是不会讲，是没机会练习。

所以你一方面教孩子说话，另一方面要引导孩子说话，给他制造说话的机会。举个例子，孩子吃饭吃一半，指着桌子一头的盘子说：“要……要……要……”这时你不必急着说：“要吃肉肉，对不对？”接着就把肉夹给他。你可以等，等他想，等他说。

这种教育方法是非常重要的，所谓“发而不尽”，你可以启发，但是别把道理说光。你可以让孩子“举一反三”，而不是一次把三个都说出来，让孩子根本没有思考的机会。

我每次演讲完，为读者签书的时候，只要碰上小朋友，总会问他们：“小弟弟几岁了？”

常常遇到的情况是，那小孩明明已经不小，却会先愣在那儿，再转身看带他来的大人。大人则赶紧说：“说！说你六岁。”

这样的孩子，多半在家里被宠得厉害。什么事情，他才开口说一半，只因为沉吟几秒钟，爷爷奶奶妈妈就帮忙说了。

很多大人都有为小孩作答的习惯，你问孩子一个简单的问题，孩子没答，大人先抢着答了。尤其是爷爷奶奶和妈妈，不知道是怕孩子辛苦，还是怕孩子尴尬，或是怕孩子显得不聪明而让大人脸上无光。

问题是，这样的孩子怎么独立思考？所以我建议大家，问孩子问题，只要他可能答得出来，就别帮他答。让他想！等他说！甚至可以告诉孩子：“你自己慢慢想，想出来再说。”当他想出来了，说出来，你喝彩，孩子是不是会很得意？相对地，如果你早早帮他答了，他反而会有挫折感。进一步，造成每次有人问他问题，他都不答，等着大人帮他答。孩子不敢、不想自己作答，依赖大人帮他回答，久了就会更加容易退缩。

孩子生病，不舒服，你可以让他自己先说有什么不舒服，等他说完了，你再确定一次，比如摸着他的身体问：“是肚子疼吗？还是上面胸口疼？是这里疼，还是那里疼？还是肚子饿了，想吃东西？”而不是没等孩子说，就武断地讲：“这里不舒服，对不对？你只是肚子饿了！”也可以说，当他开始说话，你就要鼓励他，给他表达的机会，而不是看他点头摇头就够了。

· 尊重别人说话

当孩子能说话，而且说得不错了，他们会变得话特别多，因为他们需要表达，也需要练习。所以，你会常常发现小孩不断重复新学到的词，他们也会重复大人的话。比如你骂他："不要吵！吵死了！"他会接着学你说："不要吵，吵死了！"为了让他们有练习的机会，大人可以容许孩子这么"学习"，但是要注意界限。孩子可能用重复你的话，来答复你的问题。也可以说，你问他事情，他不好好答，只是把你问他的话重复一遍，这时候就必须阻止了，因为总是模仿就变得很没礼貌。（比如英文 mock 表面的意思是模仿，但是当他们说"Are you mocking me ?"的时候，意思是："你是不是在嘲讽我？"）

前面说大人可以等孩子想、等孩子说，相对地，我们也要教孩子等别人把话说完，自己才能开口。说得简单一点儿就是要教孩子不插嘴。当你在说话，孩子突然插嘴进来，你可以立刻阻止他："等一下，我们还在讲话，你不能插嘴，等我们说完了再让你说。"

然后，等你说完了，就算小孩没有开口，你也可以提醒他："刚才你不是有话要说吗？现在轮到你说了。你说给我听！"

这种教育方法非常好。第一，你教给了孩子说话的礼貌，让他懂得尊卑先后。第二，你信守了诺言，给他发言的机会。第三，他会感觉受到了尊重，因为大家都停下来听他说话。这样做，他更会好好说，把话说得完整。你可以想想，当一桌大人，爷爷奶奶、爸爸妈妈居然都静下来，听一个小孩说话，这会是多么美好的画面。

教孩子尊重别人，也让孩子觉得被尊重，是最好的人格教育。

④ 吃饭是件大事：感恩是教养的第一步

每位父母都希望孩子在外面被夸赞。

如果你希望你的孩子能这样，或者因为表现杰出，从很小的时候就被人喜欢、被长辈欣赏，甚至被提拔，早早成功，那么你要做的是什么？

不只是让他们的成绩好，进好学校，有好学历。更要让他从小就懂礼貌、有教养。

你的孩子成绩好，在陌生的场合，你不说，别人还不知道。有好教养却能在小事上显现。一个学霸如果没有表现出好的教养，功课再好，也不会受欢迎。相对地，功课表现平平，在外面却处处表现出好教养，就能在第一时间让人刮目相看。

·什么是“教养”？

教养是你除了养他，还要教他，一边养，一边教的成果。深一步想，教养是礼貌，是“己所不欲，勿施于人”，是处处为别人着想。

举个例子，你的孩子去别人家做客，吃完饭，那家的孩子抬起屁股就走了，你的孩子却能帮着收拾碗盘，在座的人一定会想：“这孩子真不错！不知是哪样的家庭教出来的。”

如果去餐厅，大家吃完了起身就走，你家孩子却默默地把椅子“归位”，别人看在眼里，是不是会觉得这孩子特别有教养？接着大家往外走，你的孩子知道让长辈先行，但是到门口，他赶快跑向前，帮着拉门，恭敬地让大家先行。他甚至知道扶老人、照顾幼儿，老人上车时还会先帮着拉车门，再伸手到车门上方，以防老人的头撞到。这些举动，外人看在眼里会有什么感觉？就算他们不明说，不认识的人私底下也可能问：“这是谁家的孩子？这么懂事！”

让你的孩子懂事，这就是教养！

这不限于学龄前和小学阶段的宝宝，十几岁的青少年也包括在内，因为孩子从小到大，只要有机会，大人都要注意教养。

·吃饭要感恩

首先，就从最普通也最重要的吃饭谈起吧！

吃饭是小事，再平常不过了！但也是大事，因为民以食为天，吃饭是我们一生中每天都要做的事。

首先你要引导孩子以感恩的心情吃饭。

请不要觉得我小题大做。想想，我们小时候就读过的“锄禾日当午，汗滴禾下土。谁知盘中餐，粒粒皆辛苦。”说的是什么？还有《朱子家训》里说的“一粥一饭，当思来之不易”是不是也在讲我们吃饭的时候，要念着种稻人的辛苦？何止种稻米的人辛苦啊！打谷子的、运粮食的、分配贩卖的，哪一位没有出力？到最后，家里能够买来米，每个人能有饭吃，要谢谢谁？

当然要谢谢辛苦赚钱和付出的人！

你看过年的时候，寺庙挂的灯笼上面常写着“风调雨顺，五谷丰登”，那“风调雨顺”就是对大自然的感恩。

还没动筷子，单从吃饭这件事来说，就已经有这么多可以让我们学习、感恩的了。你是不是应该在孩子很小的时候就告诉他这个道理？“感恩”是人活在世界上，必须要有的心态啊！

“真是感恩！今天又有那么多好吃的菜和饭！我们吃饭的时候要感谢我们

吃的每样东西，是很多人辛苦得来的。种稻子的、种菜的、卖米卖菜的，爸爸妈妈出去赚钱，爷爷奶奶、外公外婆在家择菜炒菜，都有各自的辛苦，都有对大家的爱，我们一起来谢谢所有为我们这一餐付出心力的人！”

接下来，要正式用餐了！每个人都得洗手。除了卫生，也是礼貌。洗手是谨慎恭敬的表现，表示“我现在把事情放下，要好好用餐了”。

· 尊重长辈

如果家里有长辈，要请长辈。就算他们已经从房间出来了，因为步子慢，还没到餐桌，出于礼貌，你还是要请，最起码要大声告知：“爸！妈！吃饭了！”你也可以让孩子过去请老人出来，这是让孩子跟老人接触的好机会。因为孩子就算小时候由老人帮忙带，当孩子大些了，有他自己的世界，加上老人更老更弱了，祖孙也会越隔越远。这样做还有个好处，就是示范给你的孩子看，希望他记在心里，将来也这么待你。

不要觉得特别请老人没必要。如果你不请他，老人心里的感觉是不好的。

照古时候的规矩，必须长辈开动，大家才能开始吃。但是因为老人动作比较慢，如果你已经“请过”，而且说一声“我们就先吃了啊！”现代家庭也可以变通。

⑤ 孩子用餐的礼节和禁忌

最近在网上看到个笑话，说有个女生第一次去男朋友家吃饭，女生的爸爸叮嘱女儿：

“夹你眼前的菜，别把筷子伸长了夹远处的，不优雅！”

女生听爸爸的话，确实只夹她眼前的菜。

但是女生离开之后，男朋友的妈妈问儿子：“你女朋友家里是不是很穷？她盯准了她面前那盘肉，半盘子都被她吃了。”

用餐的规矩，应该从孩子小时候就严格规定。我总结主要有以下几点。

一、既然上桌了，就要坐好。

不能玩耍，不能跳上跳下，更不准站在椅子上。尤其是站在椅子上，是严格禁止的，除了显得没礼貌，而且非常危险。当椅子失去平衡，无论往前摔在餐桌上，或者往后仰，翻到地面，都可能造成严重的伤害。

二、小孩的座位不能在上菜的“动线”上。

也就是说，从什么位置端菜上桌，小孩要避免坐在那边，免得热汤打翻，烫伤孩子，在餐馆吃酒席尤其如此。

三、如果吃火锅，小孩要尽量距离远一些。

因为经常有火锅被打翻，小孩躲避不及，被严重烫伤。尤其是那种头大底小的烧炭火锅，本来就不稳，加上上面有个长长的烟囱，人们一挥手，很容易不小心碰倒。

四、严格遵守公筷母匙。

这一点可能有些家庭还不适应，觉得没必要多此一举。问题在于大家的筷子难免沾到口水，造成疾病的传染。如果菜没吃完，混了大家的唾液，也容易坏。相对地，如果用公筷母匙，剩菜没有混进口水，既不容易腐坏，给晚归的人吃感觉也好得多。

顺便一提的是，如果家里有保姆或管家不在一起吃，先分出一些菜给他们也会比较好，必须为他们着想，不能把好的吃光，只留些菜汤。如果小孩子不懂事，吵着说："盘子里还有，为什么不给我？"大人应该借机会教育："阿姨还没吃，要给阿姨留一些。"

五、小宝宝可以由大人帮忙把菜先夹好，放在他面前。

这样做，可以免得孩子伸手去夹菜，也比较能控制他吃的食物种类。针对很小的宝宝，你可以直接夹菜给他。当孩子比较大了，比较妥当的做法是，你可以问他特别想吃什么，然后跟他讨论，譬如他虽然不爱吃哪一样，但是对身体好，应该吃一点儿。既然你已经算好他吃的量，又先讨论过，得到他同意，他就应该尽量吃完，别剩！

碗里别剩饭粒！你要告诉孩子粒粒皆辛苦，粮食是农民辛苦种植的。

吃肉别剩，你可以要孩子想想，如果从自己身上割下那么一块肉，会有多痛！牛羊猪牺牲它们自己，我们要感念，尽量别浪费。

还有一种方法，是当孩子说他吃不下，不想再吃的时候，你可以说："好！你现在不吃，可以先离开，你的食物我给你留在桌上，等下你饿了，自己来吃！"这是西方人比较容易采纳的方法，也就是让孩子自己决定，好处是让小孩从小就能独立思考，缺点是当他隔很久再回去吃的时候，饭菜已经凉了。

我儿子小时候，接受的是第一种教育方式，给他夹菜，他非吃完不可，否则不准下桌。我女儿小时候接受的是第二种的西式教育，在我记忆中留下一个鲜明的画面，就是走进餐厅，吓一跳，发现有个小黑影坐在桌前吃饭。饭菜凉了，一定不好吃，小丫头甚至没开灯，摸黑吃。但那是她自己选择的，教训也是很好的教育，她如果得到教训，自然以后会改进。

六、如果孩子可以自己夹菜，要教他尽量夹靠近他那一侧的，不可以挑来挑去，更不能翻来翻去。

但是如果靠近他那一侧的显然是最好的，譬如端上一盘鸡肉，正好鸡腿对着他，要教他夹旁边的，把最好的留给别人。

这是很重要的教育，因为如果他把好的挑走，剩下比较差的留给谁？

多半的人家宠孩子，最好的东西好像“当然要给孩子”。你可以这样做，但是不能让孩子觉得理所当然，否则他出去伸着筷子翻菜，专挑最好的部分，容易惹人嫌。

我建议对小宝宝，你可以特别进行教育——在盘子里放大中小三个果子，让孩子挑，他如果想都不想，就挑最大的，你可以问他：“宝宝把最大的拿走了，剩下中的和小的给谁呢？是给爸爸吃小的，还是妈妈吃小的？爸爸个子比较大，年岁也比较大，你最小，是不是应该爸爸吃最大的？你愿不愿意把最大的让给爸爸？”

宝宝可能还不懂，他会不愿意让，你必须一遍一遍教，教到有一天他懂。不能当孩子挑大的，你反而喝彩，说：“宝宝真厉害！真会挑！”很多老一辈，甚至会带点得意地说：“你瞧他！别看他小，他可不吃亏，专挑好的！”要知道，大人这样做，是间接鼓励孩子不礼让。你希望孩子孝顺、有礼貌、受欢迎，就得从小教。就算你打定主意给他大果子，也应该教他先把最好的让给长辈，再由长辈转让给他：“宝宝真懂事！知道把最好的给爸爸，爸爸想吃小的，大的给宝宝吧！”

“孔融让梨”的教育是非常重要的！举个很成功的例子：

我有位朋友，从孩子小时候起，每次有什么好吃的，她就算不想吃，或者打定主意给孩子吃，也会先尝一口，再交给孩子，免得把孩子惯坏。现在孩子已经近三十岁，有一天从外面买了根棒冰回家，刚要放进嘴里，突然好像触电似的抬起头问妈妈：

“妈！您要不要先尝一口？”

为什么我说她成功？因为她的孩子会自然而然地想到她，不会一人独占。在“小霸王”横行的当下，这应该是个很好的示范。

七、要教孩子不可偏食。

孩子从小能接受的食物种类越多，他未来能享用的越多，也越能适应不同环境。尤其不能当孩子表示不爱吃某种食物之后，就总说：“他不爱吃××，不要给他！”免得孩子顺着大人说的，越发排斥那种食物，明明随着年龄的增长，他的口味已经改变，却因为你那样说，而不能突破。总之，他能接受的食物种类越多，他未来的世界越大，适应力也越强。

八、小孩弄脏手时，不能在身上乱擦，或者偷偷抹到桌子椅子上。

应该用餐巾纸擦干净。如果把桌椅弄脏了，也得尽量自己善后。

有些孩子餐具用得不熟练，常用手抓，吃完饭最好也教孩子去洗手。不然“油手”东摸摸、西摸摸，难免弄脏环境，搞不好还带进作业本，把韭菜洋葱的味道带去给老师。

九、以碗就嘴，不是以嘴就碗。

这是老一辈常说的，现在除了喝汤时可以舀汤之后放进嘴里，吃饭的时候，也应该把饭碗端起来吃。就算小孩还没力量把碗端起来，也不能放得离他太远，以免孩子取食时把食物掉在桌上。

很多孩子喜欢把杯子碗盘随便摆，譬如把杯子放在眼前，盘子放在杯子后面，这样就会很容易把杯子打翻，是不可取的，我们从小就要教孩子规规矩矩地用餐。

十、绝对不能把筷子或刀叉含在嘴里。

这样做非常危险，一旦孩子摔倒会造成严重的伤害。从孩子小时候起就要禁止他这样做，包括不能拿着任何尖锐的东西在屋子里跑来跑去。你可以在网上找筷子铅笔插进眼睛的照片给孩子看，虽然有点可怕，但为了孩子的安全，有时候不得不这样警告他。

十一、在餐桌上不能打闹，不准玩手机和平板电脑。大人交谈时不能打岔，一定要等大人说完才开口，也不准嘴里含着食物讲话。

用餐时最好把电视关掉，免得小孩分心。问题是，如果大人也边吃边看电视，就另当别论了。我儿子家吃饭时有规定，大人小孩都不能玩手机。常常饭吃一半，孙女突然喊：爸爸或妈妈在看手机！接着就见他们把手机收起来。我觉得这是很好的教育，让孩子觉得大人跟他是平等的。

十二、用餐中途不可吃甜点水果。

有些家庭会早早地把甜点和水果一起放在桌上，造成小孩分心。但这也有个好处，就是告诉小孩，如果想吃甜点，就得先把饭好好吃完。

十三、避免让小孩吃形状和大小容易堵塞气管的食物。

大人可以把大块的食物切成小块，把圆圆的丸子切开，同时不要让孩子吃太大口，也不准他们把食物含在嘴里不咽下去。

十四、鼓励孩子在用餐后帮忙收拾餐具、擦桌子，把桌椅推回原位，甚至帮忙洗碗、丢垃圾。

这样做能够增加亲子间合作的乐趣，也让孩子有责任心和成就感。他一旦养成习惯，到别人家做客也知道帮忙收拾，会给人留下很好的印象。

十五、孩子要提前离开餐桌的时候，应该征求大人同意。

就算是一家人吃饭，离开餐桌前也应该先跟大人打个招呼，而不能径自离开座位走人。如果在正式的用餐场合，更得先站起身，问父母和客人：“（先称呼）能不能容许我先离开？”然后把椅子推回餐前的位置，再离开。

请不要觉得有点繁文缛节，你要想想，你的孩子这样做的时候，能给在场宾客留下多么好的印象，恐怕立刻就会有人赞美你的家教好了。

·关于喂饭这件事

现在很多年轻的父母常常埋怨爷爷奶奶外公外婆，好像孩子要人喂全是老一辈惯出来的。譬如当老人不在的时候，孩子自己吃得好好的，老人一来，孩子就不会自己吃，非让老人喂不可。

首先让我们从大人的角度想想，为什么很多大人喜欢喂孩子吃饭？

第一，孩子用餐具的能力有限，不但吃得慢，而且容易弄得到处都是，饭后大人得花很多时间收拾，大人喂则省事得多。

第二，喂的时候，饭来张口。孩子不但吃得快，吃得多，不会挑食，还能多喂一点儿，让孩子长得壮，长得高。我在网上看到有人说，他家的孩子自己吃，隔壁的孩子奶奶喂，起初他笑隔壁的孩子都喂成小胖子了，但是后来小胖子减肥，长得高挺英俊，足足比他家的高出半个头，他又后悔了。

第三，喂孩子吃饭是一种乐趣，大人付出心力也付出爱，有成就感，孩子开心，大人也快乐。

再从孩子的角度想想，小孩子为什么喜欢被喂饭？

第一，孩子自己吃饭很麻烦，尤其是用筷子，很不简单。连用勺子，小孩也需要很长一段时间的练习，才能抓准角度。所以，孩子不喜欢自己动手吃。

但当孩子吃汉堡包和薯条时，就不需要大人喂，因为他们拿起来就可以吃。

第二，当他们被喂的时候，眼睛和两只手都空出来，可以边吃边玩边看电视。

· 喂饭要喂到多大？

从上面几点来分析，喂饭确实对大人和孩子都比较省事，而且每个孩子早期都得大人喂，真正的问题是：要喂到多大？我曾经见过上初中还被喂饭的孩子。一家人吃饭，孩子吃得特别慢，到后来，妈妈干脆把碗抢过去，一边骂一边喂。

我还在电视上看到个广告，妈妈追着喂，孩子拼命躲，躲到桌子底下，妈妈就爬到桌子底下。且不说这样做对不对，真正要操心的是这种宠爱也许会影响小孩的人格发展，搞不好依赖性太强，最后变成长不大的“巨婴”。

最后分享一个有意思的事。

有一天我到朋友家吃饭，朋友先喂她已经上小学三年级的女儿吃饭，接着端出一碗汤，放在女儿面前，小丫头立刻哭了。我问那是什么汤，那妈妈对我挤挤眼说：“丰胸汤，对她发育好！”

只是，多年后，那妈妈又说她后悔这么做了，因为喂女儿吃太多补品，孩子提早发育，长得不够高。

所以我要说：孩子在四岁以前，必要的时候你还可以喂，四岁以后就应该训练孩子自己用餐。孩子还小，可以循序渐进地教导，譬如四岁的时候经常在喂饭时给他希望，对孩子说："你长大了！明年就五岁了，可以自己吃饭喽！"每次用餐都这么说，让孩子有心理准备，然后偶尔让孩子试一试自己吃，练习一下，再赞赏一番，来年就能够"自然而然"地转换成功。

6 诚实教育：别逼你的孩子撒谎

如何避免孩子撒谎，是亲子教育中非常重要的一项。

首先我要为撒谎下个定义，广义的撒谎是“讲假话”，只要是明明知道自己说的与事实不符，还那么说，就是“撒谎”。狭义的撒谎是，为了牟取利益，故意说不真实的话来误导别人。在这儿，我采取广义。

大家都知道《国王的新衣》的故事，大人们为了讨好国王，明明国王身上没穿什么新衣，却一个个撒谎说新衣服真好看。直到有个孩子问国王为什么光着身子，谎言才被拆穿，因为小孩纯真，是不会撒谎的。

·小孩不会撒谎吗？

据观察，三岁的孩子就已经会撒谎，更麻烦的是，小孩不但会撒谎，还可能编故事呢！

我曾经看过一个心理学家的实验，他跟幼儿园一个班级的孩子说：“等下进来的这个叔叔是非常可爱、非常好的人。”然后让这位陌生的叔叔进来，在小孩间绕几圈出去。接着老师问小孩，刚才这个叔叔怎么样？明明那叔叔只绕两圈就出去了，小孩们却会说这叔叔有多好。相对地，事先跟幼儿园孩子说等下进来的叔叔是坏人，大家要小心，然后让那叔叔进来也绕两圈出去，再问小孩那叔叔怎样，小孩们则可能说一堆叔叔这里不好、那里不好。很多内容根本是孩子们编出来的，也可以说小孩讲了与事实不符的话。

· 黑白饼干

还有个很著名的实验，是给幼儿园孩子每人两块白的、两块黑的饼干，白的比黑的好吃得多。让孩子们各吃一块。接着大人问哪一种好吃，小孩都说白的好吃。二话不说，大人就拿走小孩手上剩下的那块白色饼干。

隔天，每人再发几块饼干，但是改了，故意把黑的饼干做得比白的好吃。也照样问小孩哪一种好吃。小孩们还是很诚实，说黑的好吃。大人又把小孩手上剩下的黑色饼干拿走。

就这样反复几次，明明黑的比较好吃，大人问小孩哪种好吃的时候，小孩居然改口说白的好吃。因为他们知道，自己说哪种好吃，大人就会拿走那一种。

· 天生的撒谎家

通过上面两个故事，各位想想，小孩是不是会撒谎？甚至有心理学家说："撒谎的能力是天生的。"问题是，第一个例子里，小孩说后来的那位叔叔这里不好、那里不好，是为什么？是因为老师先给了他们暗示啊！结果小孩根据暗示编织了谎言。

第二个例子里，小孩为什么撒谎？因为他们知道讲实话就会失去好吃的饼干，一次又一次的经验，使他们为了保有自己喜欢的那种饼干而撒了谎。回头想，小孩确实撒了谎，但那是有原因的啊！

别逼孩子说假话

所以，要想避免小孩撒谎，首先大人要检讨，你有没有暗示、鼓励，甚至逼迫小孩撒谎？

举个例子，孩子在学校跟同学打架，第二天双方家长都到学校了。当着对方家长和老师，你说你的孩子被打了。老师问：“打得痛不痛？受伤了吗？”你的小孩说：“还好不痛，没受伤。”这时候你跳起来，抓着孩子大喊：“谁说不痛？你这里不是很痛吗？不是受伤了吗？”小孩说：“其实不痛。”

且不问你的小孩哪一句话是真的。当你用这种方式做出反应的时候，以后发生同样的事，他会怎么说？还有，这一次到底痛不痛？他会不会改口说“很痛”？你反而会失去知道真相的机会。

孩子诚实、大人吃亏？

再举个例子。你带孩子出去买东西，算账的时候店员少算了一样，你的孩子立刻说：“少算了一样！这一样没算！”

多棒啊！你的孩子多诚实啊！店员立刻夸了他，你是不是也该夸他？结果，你确实夸他，逢人就说：“我这孩子可老实了！今天带他出去买东西，人家少算一样，他还提醒人家，说少算了！各位瞧瞧，他老实不老实？”

你确实是夸他了，不像有些糟糕的大人，反而会骂孩子多嘴，害大人明明可以省下的钱没省下。问题是，你那语气像夸赞吗？

为孩子吹嘘，教孩子虚夸

小孩撒谎常常是跟大人学的，或者是受大人暗示的。

最常见的例子是，你可能为了面子，会跟外人吹嘘你的孩子。譬如成绩单发下来，他明明多半科目都很差，只有两科特棒。你逢人就吹：“我家这个啊，有好几科都拿第一。”

请问你这话听在孩子耳朵里，他要怎么反应？他立刻纠正你，说：“只有两科啦！其他都不及格。”然后回家挨你一顿臭骂？还是最好别吭气？

这样的情况多了，你的小孩也学会了掩饰，学会了吹牛，学会了撒谎！他撒谎是不是跟你学的？你虽然没有明着教，也暗着教了啊！

只听好消息的父母

小孩撒谎更可能是被逼的。

举个例子，今天你的孩子放学回来，说学校考试了，你问考了多少分，他说九十七分。你立刻兴奋地说："考这么高的分啊！真棒！别人多半比你差吧？"

小孩很诚实，说："别人多半考一百。"这时候你怎么反应？你的笑脸会不会一下子变得铁青，搞不好还一巴掌过去？

如果你这么做了，下次同样的情况，你的小孩还会说别人都考一百吗？还是改口说他不知道？你如果追问："什么不知道？人家是不是都比你考得好？"

这时候，小孩要怎么答？他干脆撒谎，说别人都很差。如果你还追问："大毛考几分？小豆考几分？"他也许会开始编："大毛……大毛八十九分，小豆……小豆好像七十分。"

这下麻烦了！你的孩子原本是诚实的，他不愿意撒谎，又怕你打骂，所以说"不知道"，只因你继续追着问，他居然不得不编造谎言。

· 撒谎的孩子容易叛逆

人一旦开始编造谎言，就麻烦了！因为他很可能得用新的谎言去掩饰先前的谎言。有些小孩没几句实话，那撒谎的习惯就可能是这么养成的。

更糟糕的是，哪个孩子爱撒谎呢？尤其是对爸爸妈妈，怎么能撒谎呢？所以当他撒谎时，内心会矛盾和有罪恶感。这时候他可能会躲着你，有些孩子放学后就一头钻进自己的房间，连吃饭都不敢抬头看四周，为什么？他是怕大人问哪！大龄未婚的孩子逢年过节不敢回家，也是因为怕人问："什么时候结婚哪？"

你会希望孩子跟你不亲近吗？你希望他躲着你吗？

同样，孩子骗了父母，有罪恶感，那罪恶感可能因为内心挣扎，表现为态度不好。尤其是进入青春期的孩子，可能变得特别叛逆，又因为躲着父母，放学后干脆在外游荡，不回家，更容易变坏。

了解了这一点，你希望孩子诚实，首先得以身作则，避免撒谎，更要避免引导孩子撒谎，或者逼迫孩子撒谎。

《菜根谭》里有两句话说得好："攻人之恶，毋太严，要思其堪受；教人之善，毋过高，当使其可从。"

如果你怀疑孩子撒了谎，且事态很严重，你必须给他严厉的处罚。但是首先，你别当众拆穿他，因为那样做既伤他的面子，也伤你的面子。为了怕这"两伤"，明明他原先想认错，也会变成拒不认错。

这时候你要先压住自己的情绪，使情况缓和下来。譬如你把孩子带进你的房间，或者你去他的房间，坐下来，不要面对面坐，这样好像审问，而要并排坐，然后把声音放缓说："来！告诉妈妈，你是不是没说实话？跟妈妈还有什么不能讲的？妈妈总会心疼你、理解你、原谅你，也会请爸爸原谅你。就算出了问题，也要面对，如果你不能解决，妈妈爸爸会帮你一起解决。"

· 找出真相，不是戳破谎言

千万记住！你要的是真相，不是无休止的谎言。你要的是悬崖勒马，不是继续往下冲。你也不要以为你发现他撒了谎，狠狠处罚他，他以后就不会再撒谎了。要知道，因为你那穷凶极恶的处罚方式，以后他可能确实不敢再撒谎；但是他也可能想到你当时凶神恶煞般的样子，更要撒谎了。因为当你的大棒子打下来的时候，能立刻避免挨揍的方法就是撒谎。

我曾经写过这么个故事：

有个公司老板对下属很严厉，平时出了一点儿小错，就要大张旗鼓地声讨。但是有一天出了大问题，老板知道了，居然没有像以前那样暴跳如雷，他只是把员工都召集在一起，找出问题的源头，再带着大家夜以继日地想办法解决。事情过后，有人问他怎么脾气改了，老板说："小错大做，大错小做。"平常有小毛病，要大做，让大家不能松懈，真出了大事，还能先冒火吗？好比孩子在街上乱跑，差点被车撞到，拉回来一顿臭揍。若真被车撞了，孩子躺在那儿，还先给他一巴掌吗？

· 诚实比成绩重要

最后我要说，你希望孩子诚实，先要自己表现得真诚，不能诱导孩子撒谎。像前面的例子，当孩子主动说店家少算了钱的时候，你要真心诚意地赞美，甚至检讨自己，说："我真糊涂，没发现，幸亏孩子细心。"这样在孩子心中，他会觉得自己诚实，而且帮助了你，避免了错误的发生。

如果你的孩子确实两科考第一，五科不及格，你就应该坦坦荡荡地说实情。就算你顾面子要掩饰，也可以说："两科考第一，其他甭提了！"别人追问，你还是说："甭提了！"这样，你的孩子既学到了坦荡，又学到了说话的技巧，那就是："我可以不说，但是既然说，就要说实话。"

如果你的孩子考九十七，他很诚实地说别人都考一百，你别不高兴，反而应该为他喝彩，甚至抱抱孩子，说："你很诚实，妈妈很欣赏你！因为诚实比成绩更重要！"

⑦ 孩子有教养的几个表现

我太太很少批评我的岳父母，但是有一件事，她常讲。说起来有点好笑，她怨的居然是上厕所的事。她说她家四姐妹，加上我岳母一共五个女性，只有我岳父一个男性。可是小时候我岳母总叮嘱四个女儿上完厕所，一定要把马桶坐垫掀起来，方便我岳父上厕所。我太太怨的是我岳母为什么不去说我岳父，让他每次上厕所，要把坐垫掀起来，尿完尿再把坐垫放下去。

我有位邻居也曾经当着朋友的面埋怨她丈夫，她丈夫长期不在家，有一次丈夫回来了，半夜小女儿上厕所，突然哇的一声哭了起来。因为爸爸上完厕所没把坐垫放下来，小丫头睡得迷迷糊糊，到厕所没开灯，一屁股就坐进了马桶里面。

·从人尿尿到狗拉屎

这是非常小的事，但也实在是大事，因为反映了国民素质，显示了男性对女性的尊重。

不！应该说是对每个人的尊重，包括男人对男人的尊重。有一年我去韩国，一位学者来旅馆看我，其间去了趟厕所。他走后我发现他尿尿没有掀坐垫，尿液都滴在了上面。我心想，他不是著名的学者吗？为什么会这么不尊重人？是因为韩国女人都让着男人吗？

教养最重要的表现，就是对别人的尊重，处处为别人考虑。譬如你遛狗，狗拉了屎，如果你不立刻清理，会污染环境，也很可能让别人踩到。又譬如你开门进出，要注意后面有没有跟着人，你要为对方拉着门，免得你一松手，门弹回去撞到别人。当你回头看见别人正拖着行李或推着婴儿车的时候，要为对方着想，他不方便开门，于是为对方拉着门，等他通过。

· 举手之劳，何乐不为？

为自己方便，也为别人方便，甚至考虑别人的心情与状况更是非常重要的教养。我们常看见电梯里挤满了人，可能因为不想麻烦别人，都各自伸长了手，去按自己要去的楼层按钮，但是如果站在电梯按钮旁边的人能够主动问大家要去哪一层，然后帮忙按，不是好得多吗？

在公共场所打翻东西也一样。既然是你打翻的，为了避免别人踩到或者滑倒，你应该立刻设法清理。四十年前我在纽约中央车站见过一幕，至今难忘。一位中年女士手上拿着咖啡，不小心打翻在大厅中央，只见她立刻把杯子放在地上，又把自己的外套放在旁边，然后匆匆跑走。我当时心一惊，不知道她发生了什么事。接着看到她抱着一摞卫生纸跑回来，趴在地上清理。

一个朋友曾说，想知道一个地区居民的素质水平，非常简单！只要看看他们处理垃圾的方式就知道了。除了垃圾分类，如果他们把书报杂志都认真地一堆堆捆好，把尖锐的东西都包好，甚至在上面做标注以免割伤人，表示他们会为别人着想，而不是把自己不要的东西扔出门就算了。

为邻居着想，包括你发出的声响。当孩子晚上把音乐开太大声，就算家里人不在乎，也要告诉孩子："太晚了！别吵到别人。"小孩玩球，如果球太重，最好尽量少拍，免得在地板上造成太大声响，吵到楼下的邻居。

还有一点，恐怕是很多大人都不一定注意的，就是拖拉椅子。除非你为椅脚装了软垫，否则最好别直接拖拉，因为拖椅子发出的声响，会对楼下邻居造成干扰。

我前面说过，如果你的孩子用餐之后，会默默地把椅子放回原位，会给人很好的印象。那么，就从家里做起，大家用餐之前慢慢地把椅子拿出来，用餐之后再把椅子安安静静地放回原位吧！

·家庭里的教养

谈到家庭教养，当然包括孩子自己的卧室。我曾经要求儿子每天把他的房间收拾得整整齐齐，后来发现似乎不容易，对青春期的男生尤为不容易。他早上起来就往外冲，能不迟到已经不错了，晚上回家又急着吃饭，东丢一样，西扔一件，接着关上房门。随时走进他房间，都像刚打过仗似的。但那是他的房间，关起门来不影响到别人，所以我后来妥协了，只要他觉得好就成。

但是孩子离开自己的房间就必须为别人考虑。举个例子，在家人走来走去的地方，他绝对不能造成阻碍——放学回家，书包不能随便扔；有绳子或带子的东西不能散放在地上，免得绊倒人；书和杂志都不能扔在地上，因为杂志用的纸张不但薄，而且非常光滑，人一旦踩到就容易滑倒。

鞋子的摆放也能反映教养。有些家庭，人不多，却在门口堆满鞋子，大人小孩回到家都把鞋子一脱就不管了。这样很容易绊倒人，出门找鞋子也比较麻烦。应该规定每个人脱下鞋子都要摆整齐。有些日本家庭甚至会规定，每双鞋都要鞋头朝外。

·平和的情绪，儒雅的动作

控制动作的轻重也能反映教养，因为那能反映情绪。举个例子，你今天跟家人闹得不愉快，是不是动作会比较重？就算你不是存心的，也会下意识地用动作发泄你的情绪。如果你们家平常洗碗炒菜，开门关门，放东西，都给人“摔锅子砸碗”的感觉，一定要改进。不然，你的孩子到另一个环境，别人动作都很轻，而你的孩子动作很重，就会让人侧目了。

· 尊重每个人的隐私

从孩子很小的时候起，你就应该尊重他的隐私。如果你每次进入孩子房间之前，都能先敲敲门，或者问一声：“你在忙什么啊？”“妈妈爸爸可以进去吗？”孩子自然会受到影响，养成好习惯。尤其是孩子进入青春期之后，当他关着房门，你更该先敲门，等他回应了再进去。因为孩子有他的私密世界，你不能任意侵犯，如果经常不说一声就推门进去，可能对孩子造成心理伤害。当我儿子进入青春期，因为他奶奶常常冷不防地推门进去，我特别为他装了门锁。

当孩子计算机屏幕开着，如果你想看，也最好先问一声：“你在看什么啊？爸爸妈妈能不能看？”这也是礼貌。即使你有资格检查未成年子女的东西，也得表现出基本的礼貌，因为这种礼貌会潜移默化地影响你的孩子，未来在社会上他也会懂得尊重别人的隐私。

我听说，有个留学生非常优秀，找工作的时候，老板心里已经决定录用他，突然来个电话，老板在接电话时，那留学生一直好奇地盯着老板桌上的计算机屏幕看。就这么一个小动作，导致他最终没被录用。尊重他人隐私绝对是一种教养，这种教养应该从小就开始培育。

所以即使你在看手机，也不能让小孩任意探头过去看，孩子必须先征得你同意。你想想，当朋友发现你的孩子即使好奇，也先问：“妈妈你在看什么？我能不能看？”他们一定会想，你的家教真好。

· 如果你家失火了

前面讲不要乱放书包，乱丢杂志等，都是为了安全。最后有一项更重要的安全措施，是要做“安全演习”。

我女儿小时候，她住在二楼，我会把她带到阳台，指着下面说：“那边只有小灌木，没有粗大的树枝，草地又软，当屋里发生危险，你不能走楼梯逃生的时候，可以从这里往下跳。”

虽然每家的房子不一样，但是平常都得想想：万一家里失火，怎么办？消防器材在哪里？一时不能控制火势，要怎么报警，怎么逃跑？电梯离失火点有多远？能不能乘电梯？

你平时就要教家人养成手机不离身的习惯，最起码睡觉的时候手机一定要放在伸手可及的地方。事实证明，过去许多在地震、火灾中幸存的人，都因为懂得用随身的手机报警、求救和照明。

如果你住在高层公寓，要常常检查安全梯和安全门，平常必须是关上的，失火的时候浓烟才不会窜进安全梯，使逃进安全梯的人，跑不了几步就被呛晕。

十三岁时我家里失火，烧成一片废墟，所以曾经在作品里再三提到防火的方法。我认为尤为重要的是，你们一家人必须约定，一旦发生火灾，逃出去的人要到哪里与家人团聚。这样可以避免逃出来的人以为还有家人身陷火窟，冲回火场。出入公共场所，住旅馆时，也要认清安全门的位置。

同样，平时家里就应该把重要的电话列成表，除了放在一个固定的位置，还要另外做几份放在不同的地方，让家里每个人都知道，免得遇到突发状况时，手忙脚乱找不到联络人。如果孩子大了，而且你信得过他，那就甚至应该把家里最重要的东西的摆放位置告诉他，以备不时之需。

家庭教养既是为自己着想，也是为别人着想；既是进一步规划，也是退一步着想，未雨绸缪。

在家中，当你把孩子当作大人，交代给他各种事情，设想遇到意外时，他该怎么应对，不但能让孩子警惕，而且会让他觉得自己长大了，对家里的许多事责无旁贷，不再是个处处依赖大人的孩子。

不信？那你今天就可以做个演习，做个交代，对孩子说家里发生意外的时候，他要记得怎么做，看看孩子是不是立刻会变得更有责任感。

第五篇

“斜杠教养”

——课外比课内更重要

❶ 如何挖掘孩子隐藏的才能？

不久前我参加一个欧洲的旅行团，二十八位团员里让我印象最深刻的是个顽童。当导游讲解的时候，他自己一个人走到马路对面去看橱窗；当我跟同桌的人说笑话的时候，他会突然站起来起哄要我说给全团听；还有，他很容易迷路，有一天大家都走回旅馆了，没有看见他，原来他迷路了，他沿街问路，却不知旅馆的名字，最后终于想起旅馆好像以前是个皇宫，对方一笑指着对面："那儿不就是吗？"

他很会起哄，吆喝大家去买同一款帽子、同一款皮夹克，然后合影。而我不爱买东西，所以跟他接触少些，直到旅途过半，才发现他居然是个奇才，十九岁进研究所，二十出头已经得到耶鲁大学的博士学位，现在负责一家拥有几千名员工的公司。旅行结束，我太太跟那"顽童"的太太通微信说："我老公最欣赏你家那个怪胎。"

· 天才常是怪胎

天才常是怪胎，有时候还可能被认为是自闭或智障，因为他们常常因为大脑里某一块地方特别发达，让另外的地方变得迟钝，而且这是有科学根据的：譬如伦敦的街道大概是世界上最复杂的，因为本来伦敦是座走马车的老城，巷道窄，加上"二战"期间许多建筑被炸毁，后来重组重建，街道真是歪七扭八，连伦敦人自己都常摸不清。

所以伦敦的出租车司机都要通过考试才能上路，那考试非常难，必须记住市中心两万五千条街道跟几千个景点。平均要准备四年才能考，而且有一半人无法通过。伦敦大学的教授做了项研究，他们找了七十九位出租车的受训学员和三十一位一般的驾驶员，用核磁共振的技术追踪其受训前后大脑的变化。结果他们发现其中三十九位后来通过考试的出租车司机，大脑里主管记忆的“海马回”靠后面的部分变得比较大，其他人则没改变。可是海马回后面变得比较大的，前面就变小了，跟其他人比起来，记路线的本事虽然强些，一般记忆却退步了。

大脑因使用而改变

这个实验证明：虽然幼儿三岁以前是脑部发育最关键的阶段，但是长大之后，大脑还是会随着使用的情况而有所改变。譬如我曾经提过的，学习小提琴的人，因为左手要按琴弦，需要非常多的技巧和练习，因而主管左手的右脑会变得比较发达。学小提琴一般不会早于三岁，所以右脑的改变是后期的。

我要告诉各位爸爸妈妈，不要太早为你的孩子下结论。人各有才，老天又很公平，当你的小孩在这一方面特别杰出，可能另一方面会比较弱。

反过来想，也别认为你的小孩不会读书，天生驽钝，只要你细心发掘，很可能发现他有奇才。达斯汀·霍夫曼（Dustin Hoffman）在电影《雨人》里扮演的被认为是智障的主角，不是就证明他有惊人的能力吗？多少过目不忘，能记住一生每一天事情的人，能记住圆周率小数点后面几千位数的人，都是奇才，但也都可能有他们笨的地方。话说回来，如果不去注意，这些人的奇才有可能一辈子不会被发现，就算发现也不能被发挥。

没有读不好书的人，只有不会读书的人。当你发现你的孩子成绩差，不要气馁，你要做的是先观察他为什么读不好——是因为记忆力太差，不能专心，还是因为没遇到他喜欢的老师，没有用对读书方法？

·一目十行一定好吗？

提到记忆力，很多父母都以孩子的记忆力来评定其聪明不聪明，认为一目十行的绝对是天才。在这儿我要提出个简单的问题：当你读一首诗、一篇文章，慢慢读、慢慢看，还要再三品味，如果一目十行，你能够深入地欣赏吗？你能够深入地思考吗？

你可能看到了，全会背了，却没有思考啊！

给大家讲个故事：清代有位书生记忆力很差，有一天书生不在家，家中进了小偷，正好书生回来，小偷赶紧躲到床下，一夜听见书生在背同一篇东西，念了一遍又一遍，结结巴巴，不是忘了上句，就是忘了下句。整夜过去了，小偷实在憋得受不了，从床底下爬出来对书生说："我都会背了！你太笨了！别背了！"

那位书生很"死心眼"，继续努力，参加考试，一次不中，两次不中，第三次才上榜，带兵打仗也是屡败屡战，最后终于成功。那书生是谁？是"晚清四大名臣"之一的曾国藩！

大概因为曾国藩的记忆力不够好，可能十目也看不了一行。他曾经说过："为学不可全恃明快，要思量到迟钝处。"也可能正因为他深入钻研，思量到迟钝处，所以能成功。

明明是天才，小时候却被认为是蠢材的人太多了。爱迪生小时候就被认为是低能儿，被学校劝退；王守仁五岁时，还不会说话，也被认为有问题；连爱因斯坦都曾经因为功课不好，被学校劝退，就算他已经发表了"相对论"，第一次到纽约出席记者会的时候，还有记者考他知不知道声速是多少。当时爱因斯坦想都没想就回答："不知道！"记者说："您这么伟大的科学家，怎么连这都不知道？"爱因斯坦说："何必记得？去查就知道了啊！"

你的孩子是鱼还是熊猫？

人的智能有许多种，有的人擅长记忆，过目不忘，有的人不会记，却会想，连最简单的苹果落地都要从中想出个万有引力定律，像是牛顿；有的人出门就找不到回家的路，像是大画家溥心畬；有的人是在学校成绩不好却特有音乐才华的，像是李宗盛；有的人是中学时代每年总有两科不及格，却得到全台湾演讲和国画第一名的，像是刘墉。

所以当你觉得自己的孩子实在笨的时候，要想想，说不定他在另一方面有天赋。也可能他小时候不行，长大就成了！爱因斯坦说得好："每个人都是天才，但是如果你要一条鱼去爬树，那条鱼这辈子都会觉得自己很笨。"

因此，每位父母必须先知道自己的孩子是鱼还是熊猫。如果是鱼，你不能要它爬树，你要给它大片的水；如果是熊猫，你不能逼它潜水，你要给它大片的竹林。最重要的是，即使你发现他一无是处，也不能否定他。他绝对有才能，只是你还没发现。不否定他有他的长处，是你教育他走向成功的第一步。

认识自己最重要

记得我以前在高中教书的时候，发现班上有个学生每次总有根手指缠了纱布，我就问他为什么。他说因为他笨，背书总是记不住，为了加强自己的记忆力，也因为恨自己太差，他会用小刀割伤自己。一根手指的伤还没好，又割了另一根手指。

我把他责备了一顿，也鼓励了一番。我说，你真笨吗？你可能只是背书的本事比别人差点，问题是，你何必只比这一项呢？你别的科目比别人差吗？人要先认识自己，知道自己有长处有短处，不能要求自己每一项都比别人强。

当时台湾的高中生，每个星期都得交书法作业。这个学生写毛笔字也特殊，明明有格子，他非写出格不可，不是左边落笔重了，就是右边一笔写得特别长。问题是，如同他会对自己“下重手”，他的个性强，字也强，可以说他有控制不住的冲动。他的字，乍看丑，却特有味道。所以我第一次批改，给他评分甲下，还用红笔圈了几个特别有神采的字。

书法作业发下去，我看到他接过作业，吓了一跳，还偷偷看我，大概心想这个新来的老师有毛病，以前他都拿丙，我居然给他甲下。但是我接着把他叫进来，说老师没看错，你该拿甲下，因为字写得漂亮不难，写得有味道、有特殊的丰韵难。你去看看黄庭坚的字，就跟颜真卿的不一样，连一笔都不平平顺顺地写，好像中间有些顿挫，但是正因此，他的字特别有风骨。然后我要他试着控制自己，别写出格子。他听了我的话，高高兴兴地回去照做，起初还控制不住，后来越写越好，参加学校书法比赛还得了奖。

这就是先认识鱼，别让鱼去爬树，再给鱼水，让鱼优游。每位家长和老师，请好好看看你的孩子，他的天才点在什么方面？是不是藏着，等着你们去发现？

② 如何增强孩子的记忆力？

这个题目乍听有点深，换个说法会既简单又吸引人，也就是：怎么让孩子更聪明？

天哪！聪明不是天生的吗？还有方法可以改变？当然可以！后天的训练可能改变大脑，就算不能改变很多，最起码可以用方法让大脑使用得更有效率。

我们的大脑皮层只有四张 A4 纸的大小，但是它的容量可惊人了，堪比计算机。一个人大脑的储存量，可以容纳美国国会图书馆全部藏书的五万倍。这么厉害的大脑为什么还会忘东忘西？很简单，做个比喻你就了解了！大脑好比一个超大的仓库，既深又广而且一层叠加一层。如果你把东西存进去，刚运进大门，放在门口附近，就好比短期记忆，马上学，马上用，临时抱佛脚，立刻上考场，要找还比较容易！但是因为运进去的货太多，不断有新货进来，如果你不能把短期记忆变成长期记忆，那么早先记得的东西，隔一阵就难找了。

所以谈到加强记忆力，最重要的就是遇到好东西，除了能够短期记忆，也要转成长期记忆，不是一个劲儿地把东西往他脑里塞。好比你教五岁的孩子背上百首唐诗，如果不再复习，过几年孩子几乎忘光了，意义是不大的。

增强记忆的方法有很多，几千年前古希腊古罗马人就发明了“罗马房间”（Roman Room）的记忆法。近年来更有不少关于超强记忆力的训练班和各种参考书，但是好像真能变得超强的人不多，所以我不谈理论，谈实际！因为我就是个记忆力很差，却被认为记忆力很强的人，我下面就将怎么把自己的弱项变强项，或者说怎么把自己笨的地方隐藏、改造，变得比较聪明的方法分享给大家。

·用形象来联想

首先我们要知道：单独的名称，如果不跟其他东西联系在一起会比较难记。譬如我很不会记人名，我那小区上百户人家，虽然认识不少，但是绝大多数叫不出名字。奇怪的是，我偏偏能记得每家的狗的名字。我后来想出原因了，因为狗的名字常常跟那狗的长相有关系，譬如白色的叫“小雪”，红色的叫“红宝石”，就算没有相似的名字，有只圆圆胖胖、结结实实的名叫“奥迪”，因为我把它跟“奥迪”车想在一起，而牢记了它的名字。

·编个故事来记忆

有一天我在飞机上看杂志，翻到最后面，是星座运势，旁边的朋友问我记不记得这十二星座，我说不记得。朋友笑了，说他也不记得，但是我记忆力这么好，应该记得。我说：“讲得有理！”然后拿起来看了一分多钟，对他说：“好！我记得了！不但记得每个星座的名称，还记得顺序。”

朋友不信：“真的？”我就把杂志交到他手里，背给他听，一个也没漏，果然显示了我超强的记忆力。问题是，我真有超强的记忆力吗？错！我只是编了个故事：“白羊跟金牛谈恋爱，生了两个孩子（双子），他们长得很巨大（巨蟹），像狮子一样壮，但是同时爱上了一个处女，“天天做色魔”（天平、天蝎、射手、摩羯），结果被天神惩罚，成为关在瓶子（水瓶）里的两条鱼（双鱼）。”

换作你，是不是也马上记得了？因为原本没什么道理可讲的星座名称，当我把它编成一个有趣的故事就容易记了。

· 三条腿记忆法

有一天我看电视上报道“昆明街九十七号的牛肉面特棒”，别人马上就能记得了，我却不得不用个方法，我先想：云南的省会是昆明，昆明我去过，看了世博园，太棒了！再想：一百减三等于九十七。

我为什么绕这么大的圈子记那么简单的事？因为我凭空记不住，好比我做个桌子，一只脚站不稳，两只脚也不成，三只脚就稳了！所以当别人隔不久就忘了的时候，过了二十年，只怕那家店早不见了，我还能不忘。为什么不忘？因为昆明的世博园很棒，一百是个很实在的整数，三！三民主义，事不过三，三人行，三剑客，最常见。把这三个组合在一起就稳了！

三条腿记忆法，说得简单一点儿，就是你虽然只记一个东西，但是在记的时候多加一些联想。再举个例子，我四十年前在美国南卡罗来纳州认识一位美术馆的馆长叫莉萨，单独记莉萨这个名字我是记不住的，我就联想罗浮宫美术馆里收藏了达·芬奇的名作《蒙娜丽莎的微笑》，因为美术馆、罗浮宫、达·芬奇、蒙娜丽莎，跟莉萨绑在一起，就结实了！到今天，别的馆长名字都忘了，我还记得那一位叫莉萨的馆长。

各位这下子就知道笨人也有聪明方法了吧！

· 循序思考的记忆法

飞机机长检查仪表设备的时候，要按规定一项一项循序复述，才不至于遗漏。

又譬如你要出去旅行，行前整理行囊，你怎么整理比较不会忘东忘西？是打开衣柜，拉开抽屉、鞋柜，一样一样找，还是用个方法，排个顺序？

你是不是可以用“自己”去想？从头想起，要不要带帽子、雨伞或雨衣？带发胶、梳子、化妆品、太阳眼镜，或者多带一副眼镜备用？去冷的地方要不要带护唇膏？要不要带领带、首饰、围巾？带衬衫、西装外套、夹克、羽绒衣或大衣？带皮带、内裤、短裤、长裤，甚至毛裤？带袜子、鞋子，运动鞋、皮鞋，甚至高跟鞋？然后你再从里往外想“袋子”，先想“胃袋”吧！要带什么药？要不要带点零食？要不要带个贴身的腰包？里面放多少钞票？外套内袋里是不是也得放护照、信用卡？护照要不要先复印，留在不同的地方，以防遗失后出示证明？外面口袋是不是得带些零钱？家里的钥匙是放在腰包里，还是藏在行李里？手机要不要放在有拉链的口袋里？

如果你顺着从头到脚、由里到外的顺序想，是不是比你东抓一样，西抓一样保险得多？

经常出差的人还有个方法，就是列个基本的表格，每次一样一样检查，检查一样钩一样，这跟飞机起飞前机长检查复述的道理相同。

好！现在回到孩子身上，你可以教他们用顺序思考的方法。譬如你今天带他去动物园，回来之后，问他看到了哪些动物。他很可能东想一样，西想一样。这时候你告诉他：“从一进门想起吧！你最先看到什么，小鸟还是大象？”然后要他一路想，想到离开动物园。

当孩子想的时候，他不单是想，而且脑海里会“重现”那些动物，甚至还有当时发生的事，譬如猩猩爬到笼子前面，熊猫挂在树上，老虎大吼一声。原本这些画面他很容易忘记，但是经过这么一想，等于再玩了一次，印象就深刻了。以后他上学碰上老师要他写作文，譬如写游动物园、游乐场、博物馆、风景区，他不知道怎么写，你只要教他用这种视觉顺序的方法，一样一样描述，会容易得多。

谈到作文，很多文学家都是通过视觉的路线写作，你要背他的作品很容易，就是依照他的视觉路线去想。举个例子，《桃花源记》就像拍电影，而且是一个镜头跟到底。随便挑一段：

“林尽水源，便得一山，山有小口，仿佛若有光。便舍船，从口入。初极狭，才通人。复行数十步，豁然开朗。土地平旷，屋舍俨然，有良田美池桑竹之属。阡陌交通，鸡犬相闻。其中往来种作，男女衣着，悉如外人。黄发垂髫，并怡然自乐。”好像有个镜头跟着渔人一路拍摄，由大远景的“土地平旷，屋舍俨然”，逐渐把镜头往前推，拍摄到“良田美池桑竹之属”，再往前拍特写“其中往来种作，男女衣着，悉如外人”，再成为大特写的“黄发垂髫，并怡然自乐”，接下来就是跟渔人见面：“见渔人，乃大惊……”

·再三复习，带到梦里去记忆

把新学到的东西，新去过的地方，在脑海里重新想几遍，是增强记忆最好的方法。所以，当你教孩子背东西的时候，不必要求他一次背好，因为就算他记住了，考试考完了，却可能才考完就忘了一大半。只要时间允许，你可以今天要他背一点儿，明天叫他背给你听，他忘了就提醒他一下。睡觉之前，你还可以像做游戏似的，再带他复习一遍。这种分段式的学习，再三想，想不通再看，看了再想，而且用睡觉做梦时加强记忆的效果是最好的。因为睡眠中，脑海会去芜存菁，重新整理白天学到的东西，所以有些心理学家会建议最好在睡觉之前背诵。

连达·芬奇都说，他发现晚上躺在床上凝视黑暗，在脑海中重复白天所学的东西，不但能帮助了解，也能帮助记忆。

孩子看故事书，你可以给他好几本，让他挑着看。因为书里的故事多半连贯，他每次拿起一本看一半的故事书，都得回想前面看过的情节，想不起来，还得再翻一翻，这也是不断复习。加上每本书的性质可能不同，他更有新鲜感，而感兴趣的学习会是最好的学习，孩子学得开心，也记得牢。

这些方法，你马上就可以试试，也可以马上用来教孩子。但是请记住，当孩子回想的时候，千万别急着提醒他，你要让孩子自己想，因为“拼命想”也是训练脑力的方法。

③ 事半功倍读书法

说到增强孩子的记忆力，跟各位透露一下我这个小时候算不上用功的学生怎么应付考试。

我上高中时，年年都有两科不及格，幸亏学校有暑假辅导，可以补考过关。考大学也一样，学校里办的模拟考试，我没有一次上榜。没想到最终考试，我居然以高分考上了第一志愿。发榜的时候，学校门口贴出榜单，我看了半天都找不到自己的名字。挤到榜单前面细细看，才发现有一个地方被扎了好多洞，隐隐约约看到是我的名字，原来是同学用圆珠笔扎的。几个同学过来一边贺喜，一边揶揄我："原来你玩阴的，在学校玩，其实在家偷偷用功。"

· 坚持自己的读书规划

我为什么模拟考试都上不了榜，后来却能考得不错？今天就来讲讲我的方法：

我高中时大部分时间在搞社团活动、画画、写文章，功课确实不好。直到高考前一个半月才惊觉自己不能再混了。于是我拟订了一个读书计划，先算出距离高考还有多少天，再把需要复习的内容按照每天来分配。也就是说，无论如何，我每天都得学习那么多内容，否则一定复习不完。

我是从高一的内容开始看，每天看一部分，对于学校的模拟考试我完全不管。模拟考试是高中三年的内容一起考，我的成绩肯定不理想。老师同学警告我"完蛋了！"我也不在乎，只是照我的计划准备着。

问题是，高考时间一天天逼近，我每天必须复习的东西实在没办法记得牢，往下拖吗？不行！一天也不能拖。这时候我采用了一种方法，把那些不好记的、不好背的内容写在课本的边上，有时候用图画的方式记，类似“四格漫画”，有时候只写一行字，甚至一两个字。

每天拿起书，就算我要读的是第五章，我也从第一章翻起，很快地翻一遍。起初都得停下来，看看笔记，再看看课文，就这样，每天翻一下，后来每页只用一秒钟翻过去，也能想起其中的内容，很多原先记不住的居然都记住了！我后来读了不少关于心理学及记忆方面的书，发现当时这么做正合于加强记忆的理论。

· 分期付款好过一次性付清

首先，每天看一遍，我写在旁边的重点都会很快地掠过脑海，是“重复学习”。每个人的记忆都有“短期记忆”和“长期记忆”，要想把短期变长期，真记住、记得久，就必须一次次重复学习来加深印象。很多人临时抱佛脚，用了短期记忆，但是考完没多久就忘了大半，就是因为他没有再复习。举个很简单的例子，如果你的孩子五岁能背一百首唐诗，你带着他四处去“表演”，但是他上小学后功课忙，你不再要他“表演”。等到他十岁，他还能记得几首？

相对地，如果你隔一阵，就提出几首，讲那首诗的第一句，要孩子接着背，把他会背的一百首诗轮着复习，到他十岁，那一百首诗是不是他多半还能记得？为什么？因为他不断复习了，那些诗由他的短期记忆变成了长期记忆。结果，你的孩子没花多少力气，却能背诵百首诗。如果他长大之后，时常回想一下，那上百首诗可能跟他一辈子。

· 维持宝贵的母语

学习语言也是一样。想想，为什么有些孩子六七岁跟着父母出国，后来把中文全忘了，说得结结巴巴，还带着洋腔洋调；又有些孩子同样时间出国，中文却一点儿都没忘，说得溜极了？

很简单！那些忘了的孩子，常因为父母忙，难得跟孩子讲话，要说话也说英语，加上孩子在美国是英语环境，到后来你要跟他讲中文，他也用英语回答。日子久了，中文当然会生疏。那些不忘的孩子，八成因为父母或者祖父母在国外也坚持说中文，中文不断被提起、被使用，自然不会忘。

不只在家里讲，大人带着孩子阅读也很重要。因为口语的词汇很有限，内容也比较单调，多半是些家常琐事，中文的词汇量不够，就会不爱说中文，或者只会说日常生活用语。

· 不松懈就能不忘记

所以我在高考前，就算已经念到第六册，每天还是坚持从第一册开始翻，像走马观花一样快速翻过去。居然到考试那天，不但没忘前面的，而且因为不断复习记得更清楚了。然而，好多同学为了配合模拟考试拼命赶进度，虽然当时考得不错，其实记得不够牢，到考场一紧张，反而想不起来了。

了解了这一点，如果你是老师，或者你希望孩子能学得扎实，很简单，你每次考试连同前面的内容一起考。我在美国大学教书时就这样，一学期三次小考，我跟学生们讲，每次都会连前面考过的一起考（其实我考的内容不到五分之一，有时候只有十分之一），等到学期末大考了，学生们居然说准备我这一科考试特别轻松，因为平常就复习了。

算一算，他们复习多花了多少时间？其实没多少。孩子上周在学校默写的文章，你这周让他再背一遍给你听，因为记忆还清晰，根本不需要多长时间准备。

· 读书要放在心上

不论教孩子或你自己，读书都应该放在心上。只要你觉得有用，就应该尽量放在心上，不忘记！“温故而知新”，“温故”和“知新”一样重要，一个人能常温故、不忘所学，就等于新学了知识。何况随着年岁增长，偶尔想起你小时候背的诗、读的《论语》，感觉会很不一样。你小时候看“父母在，不远游，游必有方”或者“身体发肤受之父母，不敢毁伤，孝之始也”，当时没什么感觉，当你自己有了孩子，感触就大不相同了！

幼儿时的事情能记得的不多，五岁以前的事多半不记得，但是通过不断提醒、让他回想，可以使他的短期记忆变成长期记忆。我有个朋友，说他十岁的孩子能记得很多幼儿时期的事，我问他有什么特别的方法，他说拜手机所赐，因为孩子总看他手机里的照片，一边看一边说：“这是我去迪士尼！”“这是我过生日，那天大毛、小毛、大宝、小宝都来了！”

如果孩子四岁去的迪士尼，你之后没再带他去过，到他十岁，你问他记不记得，他可能没印象。不过，隔不久就拿照片给他看一次，隔不久再看一次，趁着新的记忆还没淡忘，不断重复加强。你想想，如果用这个方法，让孩子能记得好多小时候的温馨时刻，不是很美好吗？

· 一个画面，一堆往事

用照片或者影片来加强记忆还有个好处。举个例子，有时候新商品推出的时候，厂商会花钱做电视广告，那广告可以拍得像“微电影”，一播就是几分钟。一段时间后，广告逐渐变短了，原本有三分钟，后来变成两分钟、一分钟、半分钟，最后只留十秒。问题是，虽然你只看到十秒钟的画面，却能让你想起原先三分钟的广告情节。因为之前印象深刻，其中没播出的部分都用你的记忆补足了。

再隔一阵，可能电视广告也没了，改成报纸广告、海报广告，只有当初三分钟广告中的一个画面，你居然能一下就想起整个电视广告的情节。

所以，如果你想让孩子增强记忆力，可以经常给他看以前的照片、影片，甚至只是隔一阵，把他看过的书拿出来，在他眼前晃一晃，都有用。

虽然我没有常拿女儿小时候的照片给她看，但是当她二十岁的时候，有一天我把以前的录像转到光盘上，顺便放了二十年前我为女儿换尿布的画面。我意外发现，从那一天起，女儿跟我变得更亲了。

所以我要说：别急着一路拍新的照片，也要常把旧照片拿出来给家人看，那会使大家的记忆变得更丰富。

记忆丰富，不忘本，不忘情，就能拥有丰富的人生。

④ 活学活用的技巧：用灵活的方式加强记忆

要加强孩子的记忆力，让他们读书更有效率，还有个方法——“抓老鼠”：你发现老鼠躲在洞里，不小心露出一根细细的尾巴，这时候你只要抓住它的尾巴，就能把整只老鼠拉出来。

举个例子，“金砖五国”（BRICS），是用五个国家名称的第一个字母组合而成的，你只要想 BRICS，就可以想起巴西、俄罗斯、印度、中国和南非。这样做容易记忆，也不容易遗漏。如果你凭空去想那四个或五个国家，很可能想来想去，总有一两个想不起来，用这种方法就不会漏了！

·从《大学》、“八目”到《华沙条约》

中文也一样，譬如儒家著作《大学》里讲的“八目”，也就是“格物、致知、诚意、正心、修身、齐家、治国、平天下”。如果你硬记，不容易！但是当你只记那开头的几个字“格致诚正修齐治平”就容易多了。

你还可以用这种方法记更复杂的东西，譬如签订《华沙条约》的国家，是保加利亚、捷克斯洛伐克、民主德国、匈牙利、波兰、罗马尼亚、阿尔巴尼亚和苏联。天哪！八个国家多难记！但是你只要把这八个国家名称的第一个字组成有意思的句子就好了，譬如，“阿宝兄姐的菠萝酥”特别好吃。“阿宝”是阿尔巴尼亚、保加利亚。“兄姐”是匈牙利、捷克。“的菠萝酥”是民主德国、波兰、罗马尼亚和苏联。这样两三下就记住了！所以下次当你的孩子碰到很难记忆的内容，你可以教他这样排列组合的记忆法。

很多老师教学效果特别好，都因为他们会教孩子最好的记忆方法。如果你是老师，今天就想想吧！《华沙条约》的签约国，我从高中一直记到现在，半个多世纪了也没忘。道理很简单：没意义的东西容易忘，有意义的东西不容易忘，有意义又有意思的东西更不容易忘。

就算死记硬背，你也可以用第一个字的联想法。举个例子，世界各国的首都有一百多个，太难背了！你可以只记第一个字，譬如，丹麦的首都是哥本哈根，你只记住“丹哥”就够了。古巴的首都是哈瓦那，你只记住“古哈”就成了。黎巴嫩的首都是贝鲁特，你只记住“黎贝”就可以了。罗马尼亚的首都是布加勒斯特，你只记住“罗布”就好。如果有很多国家的头一个字是相似的，就用两个字去记。你把它列成表，每天很快地念一遍，念熟了，以后看到丹麦，自然想起“丹哥”，“哥”是什么？“哥”是“哥本哈根”。这比你去记整个国家和首都的名字，要容易得多。

学英文也能用类似的中文发音。说实话我小时候学英文，有些单词记不住，非用谐音法不可。

“危险”（dangerous）我记不住，“单脚拉屎”就记住了！

“救护车”（ambulance）我也记不住，但是想想“俺不能死”就记住了！

“地主”（landlord）我也记不住，但是想想“懒得劳动”就记住了！

“大学”（university）我也记不住，但是想想“由你玩四年”就记住了！

“经济”（economy）我更记不住，但是想想“依靠农民”就记住了！

……

我认为，记忆单词可以用特别省事的方法，最重要的是你要会用，而且记得把奇怪的发音改回正确的。“学无止境”，但也“学无死路”，只要你学好了、学到了，走哪条路都成！

现在大家应该知道，我以前考试复习时写在书本边缘的是什么东西了。那常常只是简单的提示，通过几个字或者图画，让我瞬间联想到整段的东西。

写日记太好了

当孩子大一点儿，为了加强记忆力，我建议他写日记。或许你要说，功课已经够忙了，哪还有时间写日记？

但我说的日记，不是长篇大论，而是写重点。好比你在小记事本上或手机里写的备忘录。可能一天的事情列出来只要几十个字，既能做个记录，又能备忘，何乐而不为呢？尤其重要的是还可以借这个方法，加强孩子的记忆力、联想力和组织文字的能力。

这样做有以下几点好处。

一、没多少字，用不了多少时间。

二、他可以随身带个小本子，或用手机随想随记。当他把要做的事情列出来，可以很容易地看到几件事列在上面，决定哪样先做，哪样后做。既能学会安排轻重缓急，又不容易遗忘。

三、他晚上上床前，掏出小本子写当天的日记："早上先跟同学闹得不高兴，又被老师训了，所幸中午就跟同学和好，还打算后天一起去看电影。"把白天的事情回想一遍，这是锻炼记忆力的好方法。有时候几天没写日记，如果想补上，他得绞尽脑汁想每天的事。那更是一种锻炼！更重要的是，当他写日记时，把发生的事和将要发生的事写在一起，可以帮助他整理思维、全面思考！

思维清楚才能条理分明

一天发生的事、一个星期发生的事很快会被淡忘，但是如果你写下来，通过回忆、思考和写的动作，这些事会记得比较牢。

同样，孩子常常上网浏览东西，多半随看随忘。你问他看到什么，叫他说给你听听，他八成耸耸肩说："不知道！没看什么。"这时候你也可以要他像写日记一样，把看到的东西用语言组织一下，把精彩的情节记下来。如果他看了电影，你还可以要他把故事讲给你听。

这样做，使他不得不把散乱的东西整理归纳，把记忆模糊的东西想清楚，是训练他去芜存菁的好方法。而且你想想，如果他能把看到的东西很有条理地说出来，是不是也能写出来？是不是有助于他的口语表达和写作？

如果你常常让孩子这样做，他上网、读书的心态会不一样，会更有组织能力，同时把短期记忆变成长期记忆。长久训练下来，他读书的效率会更高。

我们的大脑好像一棵树，从出生到三岁，那棵小树会拼命长大，长到原先的三倍大，然后生长的速度就变慢了，但是大脑没有闲着，它会为那棵树做修剪，把不必要的树枝剪掉。这个修剪的工作主要发生在十七岁之前，所以我们要教孩子好好把握时间，充分利用他们的脑力，剪出最好的树形。我发现，在学生时代越是拼命用脑的人，他们成年之后的记忆力越强，老年之后也越不容易退化。

我们知道自己活了多长，是因为我们记得经历的岁月，记忆是生命的轨迹！训练记忆就是充实人生！为了孩子的现在，也为了他们的未来，我建议大家鼓励孩子多学、多记、多想、多写。

· 死的知识，活的学问

我连续用三节内容谈怎么增强孩子的记忆力。虽然有很多学术理论和数据可以引用，但是我没有用，只是把自己读书的方法说出来，因为这最真实，也是由我自己证明有效的方法。

请不要笑我笨，有些很简单就能记住的东西，我却要绕个大圈子才能记住。每个人都不一样，我因为了解自己的长处和短处，所以采用那样的方法。事实也证明，别人早忘掉的东西，我却可能记一辈子，而且到今天还在使用。

同样的道理，你也要教孩子使用最适合他自己的读书方法。

读书不在于读多少，在于记得多少。不在于记得多少，在于领悟多少。也不在于领悟多少，在于使用多少。

越是深刻领悟、活学活用的内容，越不容易被遗忘！

⑤ 谈孩子的课外活动：你家有个"斜杠少年"吗？

孩子的课外活动大概有两种，一种是孩子小时候你为他安排的，比如弹琴、画画、作文。另一种是孩子大了，在学校参加的社团，或者因为他感兴趣自己到外面学的。后者因为是孩子自己的选择，更称得上是课外活动，也因为他喜欢，学习的效果往往比正课好。

· 乔布斯成功的第一步

不知道你有没有看过苹果公司创办人史蒂夫·乔布斯二〇〇五年在史丹佛大学毕业典礼上的演说，他说他上大学学费很贵，一学期之后觉得大学对他没什么价值，于是决定休学。那阵子他既没了学籍又没钱，常常靠捡一个能换五分钱的可口可乐空瓶子来张罗三餐。他也搬出了自己的学生宿舍，每天晚上都睡在同学寝室的地上。但是他去旁听了一门英文书法课，把英文写得很漂亮。

乔布斯没想到，他学到的那点东西后来都用于设计第一台麦金塔计算机，使他的产品拥有比别人更美的字体。也可以说他作为一个旁听生，旁听一门似乎不正式也不重要的英文书法课，帮助他走向了成功之路。

《萤窗小语》差点夭折

再举个我自己的例子。可以说，我如果高中时没有参加课外社团活动，就没有今天的我。高二那年我参加了校刊社，为了编校刊常常请假，蹲在印刷厂校对，有时候学校训导主任说哪篇文章有问题，不准刊登，我就蹲在印刷机旁边赶一篇东西补上去。进大学之后，我又参加“写作协会”，编文学刊物，常常往印刷厂跑。

所以当我的处女作《萤窗小语》写成，没人愿意出版的时候，我找到高中编校刊时认识的印刷厂，自己出钱印，自己发行。后来我写关于绘画理论的书，成本太高，没人出版，我又找大学编刊物认识的印刷厂自己印刷，自己发行。

社团活动对我人生有很大的影响，如果当年无法出版《萤窗小语》，我就放弃了，也就不会一本接一本地写下来，也不可能因为《萤窗小语》畅销而改善了生活，还清了房屋贷款，到海外留学。搞不好我根本不会成为所谓的知名作家。

讲实话，当年为了编校刊，我的成绩也受到很大的影响，差点留级。但是我觉得这份经历很宝贵，因为大家在课堂上学到的东西差不多，反而是课外涉猎的东西不同。所以，后来让我崭露头角的，都是我在课外学到的东西。

哈佛看上刘轩哪一点？

我的儿子刘轩也一样，他上的纽约史岱文森高中，考进去的都是顶尖的学生，因此他们有很多课开高阶班，也就是同一门课，除了一般高中程度的，还有大学程度的。他那时候问我和我太太选哪个好，我们的答复是有意思的课外活动很多，就上简单一点儿的，省下时间去参加社团，享受多姿多彩的高中生活。

于是他去参加歌剧社，作曲伴奏，又参加电影社，拍摄的影片还得了纽约市某比赛的奖。他进哈佛大学之后跟我说，有一天跟入学部的人聊天，发觉他这个在高中成绩并不顶尖的学生能被哈佛录取，很可能就因为他搞歌剧、拍电影。因为哈佛看得出来，哪些是逼出来的成绩，哪些是父母的安排，哪些完全是自己的兴趣、自己努力的成果。

我的女儿也一样，她在高中编校刊，到大学编报纸，还因为参加电影社团，暑假跑去北京的电影公司实习，大学毕业就进了北京的电影公司，还做过成龙电影的监制，又受聘为美国华纳公司派在中国的投资部经理，就连现在从事的工作都跟电影有关。无论我自己、我儿子和女儿，后来从事的工作都跟上学时的专业没什么关系，不是可以证明课外可能比课内更重要吗？

· 社会大学更难混

课外比课内重要，在今天这个时代更是如此。孩子考上一个好大学，确实很棒，毕业之后也容易更上一层楼。但是毕业多年之后还会这样吗？多年之后一起去应征工作，老板是看重毕业证书，还是看重你的上一份工作，或上几份工作的表现？如果一个是普通大学毕业，但是在上一个公司已经做到很不错的职位，有杰出的业绩表现，另一个竞争者拥有名校毕业证书，却没什么工作表现，老板会选谁？只怕没大学毕业却有实际成绩的，能胜过名校的毕业生。

为什么？因为社会也是大学。在学校里你的成绩好，可能是被学校逼的；在社会上你的表现杰出，才是你自己努力的成果。

参加课外社团，在校外自学，都不是被家长和老师逼的，而是孩子自己的选择。他感兴趣，才会在繁重的课业之外再去搞课外活动。

· 课业当然很重要

没错！孩子搞课外活动，很可能耽误他学校的功课。“君子务本”，既然他是在校的学生，你就得让他以课业为重。高中时代，我因为搞课外活动，学习成绩不好，但在考试前，我还是得“回头收拾旧山河”，把耽误掉的功课补上，拼命复习。当你的孩子在课外用掉太多时间，除非他已经显示出在那方面具有非常不平凡的能力，否则你必须提醒他。在人生的旅途中，他可能还是得先拿到那张入场的门票才行，如果连场子都进不了，可能会辛苦得多。

· 如果你是比尔·盖茨的老爸

如果你的孩子醉心于课外的东西，像是运动、音乐、计算机，终日好像不务正业地跑跑跳跳、敲敲打打、计算组装，搞得昏天黑地，你先别急，要想想今天多少了不得的人物，是不是都没上大学，或者半途辍学？换作你是比尔·盖茨、乔布斯或脸谱网（Facebook）创办人扎克伯格的老爸老妈，你会让儿子半路休学吗？如果你生了个有运动或艺术天分的孩子，他说他不上高中，要去比赛、去搞演出，你会答应吗？如果你坚持要他把大学念完再去发挥，会不会错过了先机？

时代不一样了！整个世界都在不断改变，十年前的“金饭碗”，十年后可能被人工智能取代。大学里学到的最新东西，出校门没几年可能已经落伍。

· “斜杠少年”的时代

今天的学习也不一样了，教授在讲台上讲的，很可能学生在台下已经发现了新东西。许多过去不容易得到的信息，现在一上网就可以获取。许多以前必须找专业人士才能做的工作，你按照网上的指导一步一步也能完成，甚至做得更好。以前是“克绍箕裘”，做畚箕的爸爸教孩子做畚箕，做毛皮衣服的老子教孩子做毛皮衣服。今天你在工厂操作机器裁剪衣服，明天可能一样用键盘，却是操作机器切割钢板。也可以说人们不断地跨界、跳槽、换跑道，社会上出现越来越多的“斜杠青年”。他们从这一行业跨界到另一行业：原先在电子工厂任高级主管的，改行去搞果园，用他现代的方法种植、品改、营销；名校毕业的高才生，可以把从小跟奶奶学的手艺发扬光大，做成全国连锁，搞得有声有色……

你细细看那些跨界有成的人，他们的灵感是从哪里来的？是从教室、实验室得来的，还是来自街头巷尾、自家厨房，甚至咖啡店里一群人聊天产生的火花？

希望你了解，孩子面对的未来世界不一样了，他人生的规划应该不一样了，他事业的起步可能也不一样了。除了学校的课业，你也要鼓励孩子多参加课外活动，因为他未来的成功很可能从现在的课外活动开始。

⑥ 巧用时间的六个方法：一鱼最好两吃

常听家长抱怨，孩子刚进小学的时候都考前三名，越到高年级，成绩越往下掉。有些孩子初中表现还不错，可一上高中，成绩就一落千丈。如果问那些家长是不是因为孩子不用功，答案非但不是，反而可能是越来越拼命，成绩还一路往下溜。

· 为什么小学成绩名列前茅，中学成绩却一落千丈

其实道理很简单，主要是因为时间的差异。那些刚进小学名列前茅的孩子，八成家长都比较关注孩子学习的情况，盯着孩子做功课，甚至带着孩子复习。如果别家的孩子每天花一小时，你家孩子花两三个小时，你家孩子能不比别人强吗？

上初中就不同了，初中的功课比较繁重，当别家孩子每天花三个小时，你的孩子花四个小时，如果资质差不多，你的孩子还可能比别人强一点儿。

问题是高中功课更繁重了，当别人的孩子每天花五个小时，你的孩子能花六个小时、七个小时吗？如果你的孩子也花五个小时，差异可能就出来了。

所以在你的督促下，孩子在小学名列前茅不难，如果他比别人用功的时间多得多，成绩比别家孩子好是应该的！只有到中学，尤其是高中之后，大家都倾全力学习的时候才能比出高下。

每个人的时间都一样，当时间已经用到极限，其中的差异就是资质和用时间的方法了。

每个人的资质天生不同。所幸时间是公平的，一天二十四小时，每个人都一样！要想在同样条件下比别人强，就要看孩子会不会用时间了。会用时间，一分钟能当五分钟用；不会用时间的，五分钟效果还没有一分钟的好。

你看打篮球就知道，如果离终场只剩一分钟，两队会怎么使用？落后的一队会用多少手段？战术犯规、罚球、抢断，而且把握最后两秒远投！搞不好落后的那一队硬是扭转局势，赢了！

· 时间一样，时间效用可以大不相同！

我们要从孩子小时候起就教他们用时间的方法，这可能会影响他一生。

首先你要教他用时间的"优先级"——什么事先做，什么事后做。

一、分清楚安静的时间和喧哗的时间

先看客观条件。譬如刚吃完饭，家人都在看电视，吵得很，孩子又刚吃饱，头脑不怎么好用，这时候孩子可以玩一会儿，聊天或者上网。然后家里比较安静了，时间还早，精神也还好，他可以做数学作业。再晚一点儿，他可以写作文，做语文作业。夜深了，他可以背书。

研究显示，睡觉之前背的东西记得比较牢。进入梦乡之后，还能利用"快速动眼期"（REM）加深记忆。即使睡前背得还不熟，第二天一早，精神好的时候也能大概想起来，那时候再念两遍，就记得更牢了。

相对地，你能让孩子在家里很吵闹的时候背书吗？你又能要他在有睡意的时候做数学作业吗？当孩子还小，不懂得安排时间的时候，你可以教他把功课全部列出来，然后帮他分析，哪样先做，哪样后做，使他养成把握时间顺序的习惯和能力。

二、认清完整的时间和碎片时间

如果孩子放长假，你先要看他有哪些假期作业，哪些必须在家做，哪些可以出门旅游时找时间做。譬如写研究报告，你可以叫他早点整理资料，在家用完整的时间完成。出门旅游的时候，你也可以教孩子利用碎片时间（比如在机场候机的空当）做些简单的作业。

让孩子从小就学会利用碎片时间，有非常多的好处。譬如在候机楼，与其让他坐立不安、跑来跑去，不如让他静下心来做点“正事”。这种训练可以让孩子在“动”与“静”之间穿梭，让他学会如何在尽情玩耍之后立刻静下心来。

如果你的孩子从小就懂得把“无聊的每一分钟”变成有用的，几乎可以确定，他将来会有成就。“静若处子，动如脱兔”是了不得的本事。了解了这一点，下次外出，你也可以准备几本故事书，借机会训练孩子的自制力。

三、教孩子一时两用

在今天这个时代，越是懂得一时两用，甚至一时三用的人越容易成功。事实上，我们总在一时两用。比如，你一边走路，一边挂着耳麦打电话。你一边在健身房跑步机上跑步，一边看电视，而且感觉跑得更轻松。你还能一边开车，一边听有声书、听广播，很多人知识渊博，不都是这么听来的吗？

所以从孩子很小的时候，我们就要教他一时两用。你可以跟他一边等公交车，一边讨论学校的事。你也可以教他一边等车，一边背生字。回到家，一边看电视，一边练瑜伽。甚至也能一时多用，譬如一边放洗澡水，一边刷牙，一边听广播，是不是比别人快好多？

你也可以从小事情入手，教孩子省时间，譬如他要把喝完牛奶留下的杯子拿去厨房洗，又要把吃完水果剩下的果皮拿去厨房扔，就不必分两次进厨房。如果水果还没吃完，他可以把杯子先留在那儿，等水果吃完，再一起拿去。

你千万别觉得这是小事，要知道，孩子如果从小就懂得什么是“顺路”，将来就能在别人做一件事跑三趟的时候，他一次就把事办完。觉得时间总不够用的人，多半因为他们用时间的方法太“单向”。许多在办公室里跑进跑出，看起来忙得要死的人，其实不是特别忙，而是特别乱。他能够为办每件事出一趟门，却不懂得出一趟门办几件事。

就连烹饪也能显示一个人用时间的能耐。有些人切的时候不能煮，煮的时候不能炒，必须一样做好，才能去做另一样；有些人却能在同一时间做好几样菜，这边才扔下锅，立刻转身做另一样。前者多花好几倍的时间，端出的菜还多半凉了；后者不但省时间，而且能算好时间把饭菜一起端上桌。

什么叫“一石二鸟”“一鱼两吃”？就是把一件事物做多重的发挥。我曾经问一位双主修的研究生，他怎么应付那么多功课，还看起来很轻松的样子。研究生说：“简单哪！譬如我修‘中国研究’和‘日本研究’两门课，我写的论文是‘中国与日本 ×× 的比较’，不是可以一鱼两吃，可以作为两门课的研究报告吗？”

我也一样，很多人问我为什么既能写作，又能画画，还能四处演讲，其实我是一鱼三吃啊！出去演讲的时候，顺便旅游；旅游的时候在景点写生，再回去写游记；文章写完，我可以为文章配图；新书出版，又可以用书里的内容去演讲。

现在想想，你的孩子是不是现在就有些功课可以“一鱼两吃”？譬如把某一份报告稍稍补充，拿去参加比赛；把平时用手机拍摄的短片剪辑一下，参加展览……他的脑子越活，越能事半功倍，花同样的时间，创造双倍的效果。这种本事，从小就要培养。

四、用金钱换取时间

当你听我说用金钱换取时间的时候，千万别讲你没钱，所以办不到。要知道用钱买时间，常常花不了多少钱，而且是很赚的，因为“寸金难买寸光阴”，钱有价，时间无价，单单以“有价”换“无价”就是赚。举个例子，你的孩子很糊涂，常常找不到笔，为了找一支笔，东翻西翻浪费不少时间。很简单！你多为他买几支笔，每个抽屉都放一支，是不是就好找了？而且笔迟早要用，早买晚买差不多，何必让他浪费时间找笔呢？

我女儿小时候，我就用过这方法。现在发现她比我的算盘打得还精。举个例子，她常在世界各地飞来飞去，但是没时间上网找比较划算的机票，她就花钱请专人为她上网找。我说：“你太大牌了吧！请人不花钱吗？”她说：“当然花钱，每次五十美元，但是可能省下两三百块，既省下我自己上网找的时间，还为别人制造工作机会，你说是吃亏还是划算？”

时代已经发生了变化。“省吃俭用”当然可以致富，问题是你有车不坐车，偏偏走路来省车钱，你可能赔上了时间跟体力。你为了买一样小东西，四处打听，找到批发商，再亲自跑去，虽然省了点钱，却可能浪费了你宝贵的时间。

时间就是金钱！你要在孩子很小的时候就教育他，把握每一分钟。当时间紧迫，只要可以用金钱换取时间，花得起，也划得来，就花。这是因为他省下的时间，会为他带来更多的金钱。同样，他今天浪费每一分钟，都等于浪费金钱！

五、用空间换取时间

举个例子，如果我接受学校邀请，晚上七点钟去演讲，为了避开下班时间的交通拥挤，我会早早地就到学校附近，找家餐馆坐下，喝咖啡、吃晚餐、上网、打电话，一样也没少做。看看演讲的时间接近，走出门就到了学校。相对地，如果我硬在下班时间赶去，路上的时间多花好几倍，搞不好塞车，还会迟到。这中间差多远哪！

以前你去咖啡店就是喝咖啡、聊天，后来有了手机，再加上网络的普及，那里完全可以当你的办公室。说不定还能一边应酬，一边招呼朋友，一边办公，增加了许多接触面，撞击出很多灵感的火花。

六、用舍弃的方法换取时间

一个人的精力有限，时间有限，生命有限，不可能占有每一样东西。你要告诉孩子，尤其是完美主义的孩子：如果船只遇到危险，得把不必要的东西抛弃。当他的功课太多，实在做不了，就不要想样样拿满分。当考试题目很多的时候，那些不会的题要立刻跳过，先做会的。

在人生的旅途中，那些舍不得扔掉包袱的，很难跑在前面，也就很难占得先机。“舍得！舍得！”他必须勇于舍弃，才能得到更多。

第六篇

正向引导

——陪孩子顺利走过青春期

① 当他的“良心”不见了——孩子进入青春期

经过婴幼儿时期、学龄前时期，进入小学，现在到达一个很让父母头痛的阶段了——“青春期”。

如果倒退四十年，青春期大约是从初中开始，但是现在孩子普遍营养好、发育好，加上信息发达，网上有不少催人早熟的东西，很多孩子才十岁，已经进入青春期。

什么是青春期？每个有这种孩子的父母大概都会说，就是孩子开始跟你顶嘴的时候。也有些孩子虽然不顶嘴，但是会对大人做出很怪的表情。我记忆中有一阵子我母亲总骂我说：“你再瞪！你再瞪！……”相信我那时候就会对我妈瞪眼。但是我也想，我的青春期不明显，一是因为我母亲当时已经很老了，没什么精力管我；二是因为从一开始，只要我态度有一点儿不好，她就很严厉地警告我，让我知道自制，不会失控。

· 慈母多逆儿？

有句俗话“慈母多逆儿”。我想这主要是讲孩子的青春期。如果你不能早早觉察，告诉你的孩子：“注意你的态度哟！你最近有点不一样了。就算你大了，有自己的想法，也不能用这个态度表现！态度不好，你有理也是没理！”那么，当孩子叛逆的思想像潮水一样涌来的时候，你就越来越难控制了。

青春期的孩子，有了自己的看法，而且那叛逆的冲动可能像潮水似的很快显现出来。

现在十一二岁的孩子，有的已经长得比妈妈高了，放到原始社会的部落里，已经可以出去打猎，甚至打仗了。

大了，就该独立！这是所有生物进化的道理。问题是你家孩子虽然不小了，但是他能独立吗？只怕连早上起床都还要你三催四请，搞不好连打带骂才起得来。起来之后又垂着头眯着眼坐在餐桌前发呆，他本来态度就不好，你说他两句，他还有“起床气”。搞不好，早餐也不吃，一摔门，走了！

问题也就在于他大了，很多方面独立的条件都有了，却不能独立，他心里有多矛盾哪！搞不好，他很想门一摔，自己出去打天下，可是他们又知道办不到，不敢走出去，这种矛盾就造成叛逆的表现，而且，如果你不能早早觉察这表现并设法约束他，他就越来越会顶撞你。

我说“叛逆的表现会像潮水一样涌来”也不是夸张，因为当孩子进入青春期，真正在他身体里作祟的是激素。你看平常很驯良的猫狗，到了发情期会突然变样。它们可能一溜烟冲出门去，让你找上一天一夜。更严重的是它们可能情绪不稳，莫名其妙地咬你一口，或者冷不防地狠狠顶你一下。

青春期的孩子不是一样吗？他们一溜烟跑了；他们跟你冲突，一副要咬你的样子；他们还可能争凶斗狠，在外面惹事。

下面，我把青春期孩子的特点和应对他们的方法一一列出来，供参考。

· 青春期孩子追求身体和思想上的独立

我的一个美国女学生说得好，她说：“我现在觉得妈妈不再是妈妈，她只是个普通人。”以前父母说什么，孩子不太会有意见，多半认为爸爸妈妈是对的。但是当你发现孩子开始有自己的想法，他们就算嘴上不说，也露出不苟同的表情，就八成进入青春期了！

“凭什么事事都听你的？你本来就是普通人，你是人，我也是人，人人平等！”有时候孩子不同意你，对你做出不屑的表情，足可以把你气死。但是我建议你先别生气，你可以用比较民主的方法对孩子说：“你好像有你的想法。”（记住！你要注意讲话技巧，不要硬来，说：“怎么样？你好像不同意？”）你要尊重孩子，说：“那么说出来听听吧，说不定你更有道理。”

这时候，他可能确实说出一番道理。对的，你叫好；不对的，你可以跟他讨论。想独立的孩子，最希望你把他当大人看，你可以借机会知道他心里怎么想。这比他心里有一百个不同意却不说，跟你暗着对抗好得多！

还有种可能，是你要他说，他却不说。这八成是因为他没道理好讲，知道讲不过你。这时候你别讽刺他说：“你没理了对不对？”你反而可以缓和一下，说：“想想吧！想好了再说给我听！”

这样做，表现了你对他的尊重，给了他发表自己看法的机会，场面多半不会太难看。尤其是当你发现孩子刚有叛逆表情的时候，这样对待他，亲子沟通更会理性些。

不过，父母也要有个心理准备，就是青春期的孩子可能不讲理。为什么不讲理？我引用我儿子刘轩大学时对我说的一段话，你就懂了。

刘轩说：“我高中为什么叛逆？为什么你说东我就要说西，你说黑我就要说白？我知道都是你对，但就算我是错的，也让我错几次吧！”

青春期的孩子会存心跟父母唱反调，目的很简单！表示他们有自己的看法。他们可能变得很客观，胳臂朝外弯，居然不向着爸爸妈妈，为外人讲话，意思是他们能够独立思考，不再是父母的“应声虫”。

同样的原因，青春期的孩子容易有反社会的行为，他们不一定对，却为反对而反对，显示他们自己有不同的想法。碰上这种情况，你的应对方法就是“让他说”。搞不好他发表完了意见，你听完了，他就满意了。

但是如果他说的实在离谱，还是得讲清楚，因为年轻人冲动，事情常想得不周全。你点他一下，他或许就能想通，而且就算他要面子，不在你面前认错，也会私下改变想法。我儿子青春期时，有一次跟我争辩，一副他对的样子气呼呼地回房间了。过了没多久，我经过他房间，听见他正跟同学打电话，谈的正是我讲的道理。

今天你做一回爸爸妈妈

青春期的孩子常常跟父母冲突，是因为他们虽然能独立思考，却不能自己做主，什么事都得等父母决定。如果你为他做的决定总是跟他想的不一样，就容易产生冲突。

这时候做父母的不必硬来。既然孩子有自己的想法，要自己做主，不妨就由他决定吧！

最好的方法是让孩子“换位思考”。我儿子念高中的时候，有一天我听他对妈妈说：“明天我们的音乐剧演出结束，大家要在曼哈顿狂欢庆祝，会晚一点儿回来。”

“晚一点儿是几点？”我太太问儿子。

“天亮！”

“什么？天亮？不准去！”我太太果断反对，儿子也立刻急了，说：“音乐剧都是我作的曲，我怎么能不去？大家都会去！”

我太太更急了，说：“大家去死你也去死？”

这时候我走过去，但是换了个方法。我说：“刚才好像听说你们的音乐剧是你作的曲？哇！不简单！不简单！你是头号功臣啊！大家庆祝，你当然不能缺席。”

我儿子一愣，大概心想：今天爸爸怎么吃错药了？

不过，我接着说：“天亮回来，会不会太晚了？这样吧！你客观地想想，如果你是爸爸妈妈，我是你，说要到天亮才回家，你会不会同意？”

我又强调了一次：“你决定！但是你要客观哟！如果你是我们，你会不会同意？要客观哟！”

我儿子想了想，支支吾吾地说：“大概不会同意。”

这时候我还装不服气：“你怎么能不同意呢？是我作的曲，我一定得去啊！”接着我又强调了两次，“你要客观哟！客观！”

我儿子又耸耸肩说："因为爸爸妈妈不放心，曼哈顿晚上不安全。"

"这就是了！"于是我们折中，他可以晚一点儿，但是不能那么晚。

这就是"换位思考"，既然孩子有思想，要自己做主，就让他客观地想想。

换位思考的学问很大，咱们下次继续谈。

② 换位思考教育法

“换个位子，就换个脑袋”，这好像是当然的道理。举个常见的例子，班上有个特别调皮的学生，同学们偏偏选他做纪律委员管班上的秩序。从那一天开始，那学生一百八十度改变，从前他带头捣蛋，现在他带头抓捣蛋的人。那是因为他本来就知道不能捣蛋，现在他换了位子，换了立场，必须客观地执行，当然得朝对的方向去做。

·换个位子也换个印象

当一个人换了位子，他也会想他在别人眼里的形象改变了，别人会用不一样的眼光看他。曾经有位心理学家做了下面这样一个实验。

新学期开学前，先去跟新老师说某学生不平凡，有特殊的潜能。然后又跟那个学生说新来的那位老师特别喜欢像他这样的学生。

其实这个学生成绩根本不怎么样，上个学期表现平平，但是很奇怪，这个学期在这位老师的课堂上，他一开始就表现突出。

我上小学时，班上有位同学就是这样，他突然跟学校要求转到隔壁班，原因是隔壁班的老师是他的邻居。也就妙了！他转班之后，成绩突飞猛进，由倒数第几名一下子变得名列前茅。

从上面的例子可以看出，换位思考不只是让孩子从另一个角度去想，父母师长也要换位思考，从另一个角度去看孩子。大人对孩子的轻视或者期许，对孩子的影响差别很大。

所以请孩子换位思考的时候，你的态度一定要诚恳，你也要真正地换位，扮演好孩子的角色；当你要孩子从你的角度客观思考，你也要从孩子的角度客观思考。

“换位思考”既然可以换老师，那么也可以换家长，你可以跟别的家长合作，易子而教。譬如安排一天，他家孩子到你家做客，你的孩子去他家。这样做，对大人跟孩子都有好处。因为那是别人的孩子，你比较客观，不容易感情用事。当你跟别人的孩子聊天的时候，还可以听那家的孩子怎么抱怨他的父母。说不定你一边听一边暗自心惊：天哪！天下乌鸦一般黑，这孩子没说一句他爸爸妈妈的好话，他跟我的孩子一样没良心！还有，他怨他父母的毛病，不也是我的毛病吗？

如果你发现那孩子跟你的孩子有一样的问题，也会帮你解开一些心结。

当然，也可能那孩子比你的孩子强得多，这时候你可以问问他们家的亲子关系、管教方法，自己做个检讨。最要紧的是，你千万不能因为发现别人孩子的优点，就责备你的孩子。你的孩子不如人，如果因为天资差得多，你没的怨。如果天资差不多，你要好好检讨，自己和孩子有什么地方需要改进。你还得听听别人的孩子谈你的孩子，青春期的孩子很多话不跟爸爸妈妈说，却会跟他的同学讲，你很可能因此挖出一些你不知道的事。

你还可以事后跟那家的父母谈谈，听听他们对你的孩子的看法。很可能你的孩子在家里无礼极了，到他家却表现得中规中矩，被对方大大赞美。这对你是一种安慰，也是自我检讨的机会。

如果时间允许，你应该尽量参加家长会，去学校走走，同时跟其他家长保持联络。因为你常去学校，老师对你的孩子会不一样，你的孩子也会比较谨慎。你还可以从其他家长那里得到很多有价值的信息。很多关于你的孩子的事，可能你一无所知，别的家长却知道，因为他们的孩子会回家说。

· 青春期的孩子很注意自己，以及别人眼中的自己

什么是青春期？是开始对异性有想法的时期！为了吸引对方的注意，他当然会好好装扮自己。所以当你发现孩子常照镜子，换发型，换服装，甚至会偷偷调整裙子的长短和领口扣子的时候，就表示青春期到了。

刚进入青春期的孩子多半对待异性非但不勇敢，而且有些怯懦。不是因为他们觉得异性可怕，而是因为他们不敢肯定自己够不够好看、可爱。因为怯懦，他们也可能会拉着同学一起行动。女生比男生早熟，所以小学高年级和初中容易看到一群女生对着男生起哄。

他们不能肯定自己，也表现在他们对人生的态度，很多青少年会怀疑自己存在的价值，所以这个时期的孩子也对星座、血型、算命特别感兴趣。道理很简单！他们要离开父母独立了，他们一方面在家对爸爸妈妈表现得不耐烦，另一方面对自己的独立能力不能肯定。他要从别人对他的肯定中来肯定自己。正因如此，他表现出青春期的另外一个特质——朋友比家人还重要！

“在家靠父母，出外靠朋友。”既然他想出去打拼，又对自己的能力没把握，只好依赖朋友。“朋友多亲近啊！他可能跟我一样对他爸妈感到厌烦，他也跟我有类似的弱点！他才是我的知音！”

所以当你发现孩子总是跟同学腻在一块儿，跟爸爸妈妈没半句话讲，却跟同学有讲不完的话，显然他是进入青春期了。这时候，你就算对他的朋友不满意，也要避免露骨地批评。因为你的孩子会非常护着他的朋友！是啊，他们志同道合，年龄相近，毛病相似，烦恼也差不多，在一起行动有安全感，能壮胆。所以这个时期的孩子，男孩子比较容易成群结队，甚至搞帮派；女生也会搞小圈子，甚至网络社群。

从你的孩子进入青春期开始，你就要有心理准备，注意他跟同学的互动。他放学是不是还像以前一样准时回家？中途有没有去别的地方？你一方面要知道孩子有社交的权利，另一方面也要留意与他交往的人。他手上不能没钱，

也不能有太多钱。

如果你的孩子是女生，她们也会成群结队，只是性质跟男生不太一样。她会找几个特别谈得来的女生，成为密不可分的“闺密”。她们也会集体行动，一起追星，一起追赶潮流，一起议论老师和同学。她们同样会觉得朋友比妈妈可爱，你最好少批评她的“闺密”。

少批评孩子的身材

青春期的孩子，需要通过别人对他的肯定来肯定自己。这时候父母对女儿的身材要特别注意，因为青春期的女孩非常敏感。她们嫌自己胖的时候，可能会不吃饭，又在饿得受不了的时候猛吃，压力大时也会禁不住地吃，所以有些青春期的女孩会一下子瘦，一下子胖。对此，你可以偷偷观察，在食物上帮她控制，在营养上帮她调配均衡。但你最好别明说，因为青春期的孩子对自己的外貌特别敏感，也特别容易受伤，绝不能伤到孩子的自尊心。我曾看过一篇新闻，一位加拿大父亲只是批评女儿一句太胖了，女儿居然从此不吃饭，得了严重的厌食症，最后还送了命。

严重的青少年忧郁问题

女孩还有个常见的问题，是她们会组成小团队，把那些不喜欢的同学排斥在外。她们不喜欢的原因有千百种，对方的长相、声音，甚至走路的样子，都可能被她们挑剔。严重的是，有些女孩因为被同学排斥，承受极大的痛苦，甚至产生轻生的念头，所以父母师长都要注意孩子们的社交情况。

青春期的孩子轻生的想法很严重，又很普遍。有自杀倾向的孩子很少向父母说出他们忧郁的心情，许多孩子自杀又跟学业压力、父母老师的管教和交友有关，这是大家不能不正视的问题。我在“刘墉谈处世的四十堂课”里用了很大的篇幅谈忧郁症，大家或许可以找来参考。

③ 我爱故我在：
青春期的孩子爱人与自爱

上一次我说孩子到了青春期，父母要留心他们在外面的行为，是不是还准时回家，中途会不会去了什么地方，有没有交不恰当的朋友。说实话，这挺难的，尤其是对那些需要工作的父母来说，他们不容易抽时间了解孩子出校门之后去了哪些地方。更难的是，你要很小心，不能让孩子知道你在这么做，因为这会犯忌，犯了青春期的孩子的忌。

· 别犯孩子的忌

举个例子，一天你到孩子学校附近办事，正巧碰上你的孩子放学，有说有笑地跟同学一起走。他看到你会有什么反应？如果退回到小学二年级，他一定兴奋地冲过来抱着你，高兴极了，对不对？但如果他是初中二年级，还会这样吗？他可能勉强跟你打个招呼："妈！你怎么在这儿？"然后跟同学介绍一下："这是我妈！"他如果能这样，已经不错了！很多青春期的孩子，跟父母在学校旁边不期而遇，心里是不痛快的。他可能想：你为什么在这儿？你是在偷偷调查我的行踪吗？这时候如果你说："我正好要回家，一起走吧！"他反而可能对你说："我还要跟同学去买个东西。"他为什么这样？因为他长大了，尤其在同学面前，要表现他能自己做主，所以他会找个借口拒绝你。

再举个例子，如果你的孩子上小学二年级，放学的时候突然下大雨，你特意为他送伞去，他站在学校走廊上远远看见你，他会怎么表现？他是不是兴奋极了，又叫又跳地说“妈妈你真好”？说不定你把伞交给他，他不打，还非要跟你打一把伞，偎着你，搂着你，一起回家。但是，到了初中二年级，你再给他送伞去，他还会那么热情吗？尤其是当他跟很多同学在一起的时候，他远远看见你冒着大雨走过来的影子，他的心情是很复杂的，虽然他心底感激，却可能露出厌恶的表情，喊：“你何必呢？你何必跑来呢？我不怕下雨，自己会想办法！”

你的孩子为什么这么没良心？其实不是他真没良心，是因为你让他在同学面前丢了脸。就算不在同学面前，这种不屑于父母关心的表现，在家里也可能发生。基本原因是他认为他长大了，你无微不至的照顾让他莫名其妙地不舒服。

碰上这种情况怎么办？如果他真长大了，不用你瞎操心，你正好可以借这个机会让他独立。

我有位美国朋友，女儿上高中，每天有校车接送，但是校车来得很早。她心疼女儿，为了让女儿多睡一会儿，每天开车送孩子上学。女儿正值青春期，起不来，起床还生气，常在车上怨妈妈开得太慢。

有一天，妈妈生气了：“你嫌我慢，好啊！从明天起，我不送了，你自己坐校车！”她女儿也逞强地说：“好啊！我自己坐校车，赶不上校车，我走路！”

第二天，女儿居然没等妈妈叫，自己早早就起床了，站到路边去等车。从那天开始，妈妈真不送女儿了，女儿也真长大了。有一天下大雪，女儿没赶上校车，妈妈说：“我送你吧！”女儿这下可不一样了，非但没作怪，还一路感谢妈妈。

为什么孩子有这样的改变？因为这位妈妈做对了：孩子要独立，也确实能够自己赶校车，就让她独立。这样才合乎孩子身心发展的方向，使孩子向成熟迈进一步。孩子不要，你硬给，“剃头挑子一头热”，孩子非但不感激，还认为是当然的。有一天，你不给他了，他才会感觉失落。那种“失落”使他珍视“得到”，也使他学会感恩！

· 青春期的孩子开始要付出爱

我常形容每个人都有个袋子，里面装满爱，小时候父母不断往小孩的袋子里塞爱，越塞越多，塞满了，如果继续塞，那袋子会被撑破。这时候，孩子也得从袋子里往外拿，对别人付出爱。

青春期的孩子肌肉强壮，第二性征也开始出现，他们开始要对外付出爱了。他会交朋友，对好朋友、好哥们儿付出爱。他答应父母一百次，可以一次也不兑现，但对朋友的承诺却是“一诺千金”，极重义气！

他们开始找异性朋友，朝思暮想“那个他（她）”，再不然，追明星偶像，铆足了劲儿去捧场，献花，送礼物。

这些都是付出爱的表现，当他们爱的袋子太满，必须拿出一些才舒服。问题是，付出爱就只有这些追星追异性的途径吗？

付出爱的方式太多了！你可以鼓励他去做志愿者，做义工，照顾贫病可怜的人啊！社会上有太多公益团体需要人，他可以去帮忙义卖，在公益演讲的会场负责接待，到幼儿园照顾特殊孩子。这样不但能让孩子付出爱心，还能让他们学到知识，学到关怀，进一步学到感恩。

付出爱的同时也有收获

是的，他们付出的同时也会获得，获得成就感，也学会感恩。因为在照顾那些弱势群体的时候，他们会发现原来这世界上有那么多可怜人，对比之下，他会更珍视自己的幸福，感谢父母的付出和自己拥有的一切。

我的儿子刚上大学的时候，去一家专门照顾脑瘫孩子的“德兰启智中心”，带着孩子做游戏，帮孩子复健，为孩子做饭，为育幼院募款，甚至每天把行动不便的孩子抱下楼，再抱上楼。有一天，他深有感触地对我说：“没想到一个十几岁的脑瘫孩子，体重轻得像是五六岁的孩子。”一个暑假下来，他成熟了好多！美国“9·11”恐怖袭击事件之后，他也主动跑去做义工，调查受灾户，发放慰问金。

我女儿在中学时代就去老人中心帮忙，后来还跟着我到贵州山里为孩子演奏，到北京同仁医院做义工，陪伴患眼疾的孩子治疗。

我们希望孩子懂得感恩，就要给他们付出爱的机会。这不但会使他们关怀他人，关怀世界，而且使他们更能肯定自己存在的价值。

我爱故我在

我曾在青少年咨询中心接待过各式各样的孩子，我发现那些家里情况不好，每天放学还得照顾弟弟妹妹，或者去医院照顾爷爷奶奶，为家里看店，过得很辛苦的孩子，虽然会怨自己家庭环境不好，过得太苦，却不会怀疑他们存在的价值。为什么？因为他们每天都在发挥他们的价值！反而是生在富裕家庭，被照顾得无微不至的孩子，常常会问我：“我来到这个世界干什么？”他们觉得自己没有价值，因为他们过得太好了。富裕家庭的孩子即使不读书不工作，家里的钱也够他一辈子花了，所以他们会想：何必读书？何必奋斗？甚至问：“何必活着？”

我开篇时就说过没有被疼爱、没有被抚摸的婴儿容易发育迟缓。现在孩子进入十几岁的青春期，我要说：那些拥有很多物质却不付出爱的孩子，很难真正地快乐。

更可怕的是，很多孩子非但不对外人付出，甚至对自己都不付出。他们口口声声说自己长大了，要自己做主，却连天冷多穿件衣服，运动之后得把湿衣服换下来避免着凉都不会。他们可能对外人有礼貌，回家却拉个臭脸。他们“把着门槛狠”，会帮助外人，却不知道帮助自己的家人。

如果你发现这个现象，要想想，你的孩子不帮父母，是不是你造成的？是不是因为你让他觉得你不需要帮助？是不是因为从小到大，在他眼里你都是超人，却没想到你也有需要他帮助的一天？会不会家里有重活，孩子在旁边，你却不让他动手，还是自己拼老命干？

我曾在《超越自己》里写过，有一天我上高中的儿子看见奶奶坐车回来，出去接，居然站在车子旁边，眼巴巴看着奶奶颤颤悠悠地滑下车，却不知道伸手扶一把。不是他不爱奶奶，是因为在他眼里，奶奶还是每天早上帮他提着大书包，送他上学的“超人奶奶”。

所以，家里有你做不动的活，只要孩子有能力，就叫他帮忙，千万别让他袖手旁观。家也是他的，将来他可能继承，今天当然应该付出！爱是行动，既然他爱你，就要有行动！挂在嘴上的爱，不是真爱。

美国著名的心理学家弗罗姆（Erich Fromm）说得好，爱别人之前，先要爱自己，因为自己也是人。一个不懂得保护自己、爱自己的人，很难真正去爱别人。

所以我们要教导孩子：在你对别人付出爱，在你谈恋爱之前，先要爱护你自己，爱自己的父母，爱自己的家！

④ 责备孩子的四个技巧

最近看新闻，有个妈妈嫌她上小学三年级的女儿做作业慢，一着急居然气得脑梗。

我跟朋友谈起这件事，朋友笑着说："我女儿做作业也很慢，但是我很少生气。"

我问他为什么。

朋友说："因为我也很慢！那个气得脑梗的妈妈八成动作快，不是她女儿慢，是她性子急！这种人管孩子很麻烦！"

今天就跟大家谈谈怎么管孩子。

每个孩子都会犯错，每家父母都会骂孩子，问题是，有些父母一天到晚吼叫，搞不好还动手打，有些人家却能一片祥和。一定是因为前者的孩子太顽劣，后者特别好吗？当然不是！是因为大人的个性不同，看事情的观点不同。同样的情况，这家可能觉得天都塌下来了，那家却若无其事。

一、你是狼爸虎妈吗？

管教孩子，第一点要注意的不是你的孩子犯了什么错，而是你自己当时的状况。今天你的孩子犯错，别急着发火，先想想你当时的情绪如何。因为同一件事，在不同的情绪下，感觉可能大不同。举个例子，你刚跟另一半吵完架，累得腰酸背痛，或者刚看到你的股票跌停，跟你今天刚升官，股票涨停比起来，同样是孩子进门说他只考了三十分，你的反应会一样吗？

“不迁怒”是非常重要的修养，孩子固然可能惹你生气，但是你犯不着把跟他无关的火气撒在他的头上。

所以，在你教训孩子之前应该先想想自己。

我有个让你冷静的好方法——照照镜子，看看镜子里出现的是慈父慈母，还是狼爸虎妈。

带着“恶魔”的脸去责备孩子是不对的，因为你是爱他的妈妈或爸爸，不是恶魔！

二、注意，你不是孩子的敌人

然后，你要看看孩子的情况如何。他是犯了错却不自知，还是已经在深深自责？

这时候你需要再次提醒自己，你不是孩子的敌人。他犯了错而不自知，你要告诉他，警告他。他已经自责得很厉害，你就不需要打落水狗了！狗已经落水，就算你要骂要打，也得先把他救起来啊！如果他犯了大错，你更应该冷静下来安抚他，寻求解决之道！

他是你的孩子，就算犯了天大的错，他还是你的孩子。就算天下人都不疼爱他，你也要疼爱他。我不是要你是非不分，错了就是错了，你不能“护犊子”说他对，但是你不能忘记他是你的骨肉。如果他已经很自责，你再没头没脑地大骂，只会对他造成更大的伤害。如果他正在青春期，搞不好非但不会口头上认错，还可能昧着良心顶撞你。

三、骂孩子要看场合

别当着外人骂孩子，尤其不能骂已经大了的孩子，因为孩子也要面子，你当着外人骂，既伤了孩子也伤了你。就算你必须当场教育，也得把孩子拉到一边，压低音量说他。这是很好的身教，教你的孩子在外人面前控制情绪。

就算在家里，你也不适合在忙乱的时候骂孩子。举个例子，你正在厨房炒菜，一身油烟，满脸汗水，这时候你举着锅铲骂孩子，有面子吗？孩子看在眼里感觉会好吗？说实话，如果孩子正值青春期，只怕他还会对你露出厌恶的表情。

吃饭的时候也最好别骂孩子，因为全家人聚在一起，你骂他，别人也不好受。尤其有老人在的时候，你不高兴也要忍着，免得老人护着孙子讲两句，也被卷入战火。就算只有你跟孩子，也尽量别在吃饭的时候骂孩子，免得影响食欲。

还有种情况，是你坐在沙发上，把孩子叫过来骂，你坐着，孩子站着，你抬头看你的孩子。天花板上一盏灯，从孩子头顶照下来，大大的一个黑影，好像半截宝塔压下来。你还没开口，气势上已经吃亏了！

训话是件严肃的事，不是可有可无，更不能给孩子“今天逮到你，顺便骂几句”的感觉。当你先表现出严肃的样子，让孩子觉得“不寻常”，就已经有了震慑的效果。你可以把孩子叫到眼前，说你有话要对他说。就算他挨骂，应该站着听训，也别让他半截宝塔似的站在你身前，给你泰山压顶的感觉。

为了郑重其事，你还可以先跟孩子约好，譬如说：“晚上九点，爸爸要到你房间跟你谈谈。”

保证孩子立刻会紧张，急着问你有什么事，这时候你要忍着，说：“等下你就知道了！”这下孩子就更紧张了，早早就忐忑不安地在房里等待。到时候就算他开着门，你也要在门上敲两下再进去，然后拿把椅子坐下来，或者叫他把椅子让给你坐，站着听你说话。

同样的事情，你跟孩子面对面谈，隔着桌角侧身谈，跟两个人并排坐着谈，感觉是不一样的！

面对面有对立感，最严肃，也比较容易起冲突。

并排坐，你们的脸朝着同一个方向，可以避开对方的眼神，感觉比较柔和。妈妈跟女儿谈亲子之间的心里话，用这种方法最好，妈妈甚至可以钻到女儿被窝里，摸着女儿的手跟女儿轻声谈：“最近有什么心事啊？告诉妈妈……天大的事妈妈帮你解决。”很多妈妈跟我说，她们用这一招，“小魔鬼”就不再张牙舞爪了。

父亲跟孩子谈，最好的方法是带着孩子出去散步，父子俩边走边谈。很多事情，孩子面对面不愿意讲或不敢承认，但在这种氛围中都会放松心防，跟父母说出来。

四、训话也有技巧

你的孩子犯的错越严重，你越要“狠话柔说”，把音量放低。不是小声说，而是沉声说。沉声说常比咆哮更有效，因为沉声说表示你在自制，用理性的态度说话。这样既能帮助你控制情绪，也比较不容易引起孩子的反感。

尤其在说话的开头要特别注意，最好用慢慢导入的方式。举个例子，你要问孩子考试成绩如何，如果劈头就问：“你今天考几分啊？”叛逆的孩子可能马上就产生反感，搞不好回你一句：“你会不会问点别的？”结果冲突立刻产生！

相反，如果你换个说法：“今天很辛苦吧？别太累了！”可能孩子主动就说：“考砸了！”既然他已经承认“考砸了”，表示知道错了，你也就不必疾言厉色去骂，甚至还可以安慰几句，鼓励一番。当孩子事先认为会被痛骂，发现你居然来安慰他，他会偷偷感激你，比你教训他的效果会好得多。

无论多差劲的孩子都有自尊心，骂孩子绝不能伤到自尊。你可以纠正他，不能否定他。你可以说他不努力，但不能骂他一无是处，更不要彰显自己，贬抑孩子，怨你为什么生出这么差劲的孩子。每个人都有优缺点，再坏的孩子都有可爱的地方，所以你在骂孩子之前，甚至可以先提提他过去的好表现。

更重要的是，他是他，不是别人，最好不要拿他跟别人比！尤其是青春期的孩子，他们自尊心特别强，也特别脆弱，他们的脆弱还常常用忤逆的方式呈现。当你伤了他的自尊心，让他在家抬不起头，他可能到外面找方法“抬头”，碰上坏朋友就容易走入歧途。

你可以比，但是先要孩子跟他自己比。他只要比起以前有进步，你就要肯定。即使他跟自己比都一次不如一次，你也不能完全否定，因为“没有不能学习的，只有不会学习的”。你爱你的孩子，最好像导航一样，驾驶人没听话，开错路了，导航会立刻换个路线继续导航，引导驾驶人回到正确的道路。只要在地球上就不会迷路，只要孩子的身心健康，耐住性子，总能找到适合他的方向。

· 骂他不是恨他，是爱他

最后，跟大家分享两个小故事。

我的儿子刘轩，小学二年级就到美国了，但是中文说得很好，回国后居然还拿了《我是演说家》的季冠军。有人问他，怎么能把中文说得这么好？刘轩说，因为以前我每次训他训到最后，都会讲：“OK！老爸说完了，现在轮到你了！”然后由他答辩。他得想尽办法为自己辩解，最好还能说赢我，所以从小不但会说，还会辩论，把中文练得挺溜。

第二个故事是，有一天我跟一个美国妈妈一起出去，她开车，我坐旁边，三个孩子坐在后面，吵得要命！那妈妈突然大喊一声：“闭嘴！”

三个孩子马上闭嘴，但是接着一起说：“妈妈爱你！”

那妈妈一笑，对我解释说，每次她叫孩子闭嘴，又怕孩子认为妈妈总是这样骂，所以喊“闭嘴”后，一定加一句“妈妈爱你”。现在不用妈妈说，孩子自己就讲了：“妈妈爱你！”

我想通过这两个故事告诉大家：就算你骂孩子，也要记住人人平等，他有发言权，如果大人骂错了，他有理可以说出来。他如果知道你会给他答辩的时间，就不会半路插话、强辩了。

父母不论怎么骂孩子，多么爱骂孩子，都要记得：

那是你的孩子，你骂他，不是讨厌他，恨他，是因为爱他！

5 你的孩子睡够了吗？

很多父母都会抱怨，他们的孩子“晚上不睡，早上不起”。

以前孩子小的时候，常常父母还没起，孩子已经抱着他的枕头敲父母的房门，爬上床捣蛋了。但是不知道从什么时候开始，孩子晚上越睡越晚，早上不叫不起床。再大一点儿就更麻烦了，那些青春期的孩子，晚上好像有用不完的精力，大人常常以为孩子早睡了，半夜经过他们的房间，才发现里面还亮着灯，搞不好还听见打游戏的声音。因为前一夜睡太晚，第二天早上就起不来，有些家庭每天早上都像打仗似的。那个大孩子一副睡眠不足的样子，总算出门了，但是到了晚上，好戏重演，他又拖着不睡了。

孩子晚上不睡，早上不起，有心理和生理两方面的原因。

心理上，他们早上起不来，常常是因为不愿意面对那一天。才睁眼就想到要考英文，要学数学，要面对某些可怕的老师，没一样是轻松的，想到就烦，实在不想上学，所以有些孩子会装病。至于晚上不睡，是因为白天的时间是被别人安排的，晚上的时间才属于自己。“韶华不为少年留”，青春时光要把握！于是磨磨蹭蹭，加上网上有一堆有意思的东西，所以一拖再拖，可能拖到凌晨一两点，甚至更晚。

· 不是做不完，是不想做

对于孩子晚上不睡觉，很多父母会想，是因为学校作业太多。问孩子怎么不早睡，得到的答案也常常是作业没做完。问题是，真没做完吗？

我曾经请许多父母注意，假设孩子有四项作业，他晚餐之后七点多开始做，第一项花了两小时，到了九点多，第二项用了一个半小时，到了十一点，第三项用了半小时，第四项只用了二十分钟。如果把那四项作业拿来比较，真是一样比一样省力吗？如果差不多，为什么前面两项要用掉那么多时间？会不会是因为他不专心，表面看是在做作业，其实是想东想西，大部分时间是浪费掉的？至于最后两项，可能因为实在太晚了，他知道没法拖延了，所以拼命赶，很快就做完了。

其实想想，大人在办公室不也差不多吗？平常都工作到下午六点下班，如果今天早上宣布提早一小时下班，多数人也能把工作提早完成。

· 白马王子与黑马公主

孩子拖延，是因为他有他的心灵世界，他要想想白马王子或黑马公主，他也要放松心情，白天已经很紧张了，晚上总要有点自己的时间吧！

这时候你得想想，为什么他坐在书桌前，好像专心准备功课的样子，实际上心猿意马？

那很可能是因为你啊！许多父母是看不得孩子一刻不用功的。才吃完饭就催着孩子做作业，附带说几句："早点做作业，免得又拖到三更半夜，晚上不睡，早上不起！"

结果孩子想看看电视，没能看！想跑跑跳跳，也没做到！硬是坐回书桌前，装作用功的样子。

· 把时间交给孩子

如果你发现孩子确实如此，最好的方法是由孩子自己安排时间，他要看电视，看哪！看他看到什么时候，会自己站起身，回房间做作业！他如果看电视耗掉不少时间，等下做作业就可能很赶，搞不好还做不完。做不完是他的事，他自己要面对，经历几次，受了教训，自己多半会改正。

让孩子自己安排时间是非常重要的，他必须知道“优先级”，应该先做哪样，后做哪样。他要把时间分配好，知道取舍，作业实在太多，就不得不牺牲玩耍的时间。

四项作业在时间有限的情况下，每项都拿八十分，比一项拿一百分，其他拿五十分合理。我发现有很多孩子上了美国重点大学，因为不能适应，不得不退学，转到小区学院，或者找心理医生治疗，都是因为从小到大在父母的管控下生活。问题是，未来是他们要面对的，这世界上每个人的时间一样多，能成功的都因为懂得优先级，而且善于利用时间。

早早把时间交到孩子手上吧！刚开始的时候确实可能失控，逼得你喊他、催他，但是长痛不如短痛，你还是要慢慢放手啊！

· 他要昼伏夜出

青春期的孩子晚睡，也有生理方面的原因。

到了青春期，让我们有睡意的“褪黑激素”分泌的时间会往后延，加上光线比较亮，计算机和电视的光线接近日光的色温，进一步延迟了褪黑激素的分泌，造成睡意来得晚。问题是，现在的学生得早早到校，造成很多孩子睡眠不足。

研究显示，青春期的孩子最好每晚睡九个小时。就算实在办不到，也起码得睡足八个小时。

因为大脑里的“海马回”能够重新整理白天学到的东西，把短期记忆变成长期记忆，储存到大脑皮层。许多白天的压力，也要靠睡眠疏解。当孩子睡觉的时候，如果你看到他虽然闭着眼，眼皮底下的眼珠却在转，那是很重要的“快速动眼期”（REM），他们可能正在做梦，并且在梦中整理白天收到的信息。

青春期的孩子睡眠不足影响很大。睡眠是身体大量分泌激素的时候，尤其重要的是生长激素。如果你希望孩子长得高，长得好，必须使他们有足够的睡眠。现在医学已经证实，睡眠不好的人容易注意力不集中，造成危险，情绪也会比较不稳定，记忆力更会变差。

· 青春期的创造力

还有一点，“动眼期”也是发挥创意的时候。当大脑把繁杂的信息整理归纳之后，会留出空间，那空间正是可以让创意驰骋的。要知道，孩子死记硬背，或许能临时抱佛脚，应付近期的考试，却可能对创意没有帮助。一瓶装满的水，你放进颜料，颜料就沉下去，你摇也没用，因为水装得太满，不能摇晃，只有留出空间的瓶子，才能够在摇动之后让颜料快速溶解。

死记硬背或许能让你的孩子考上不错的学校，但是面对这个瞬息万变的世界，真正能在未来成功的人都是有创意的。或许你要说，孩子才上高中，考学校重要，谈什么创意？那你就错了！比尔·盖茨、乔布斯、巴菲特、毕加索、莫扎特和许多文学艺术家，是不是在青少年时期就已经有了很好的创意？青春期也是浪漫期的开始，他们有了最强的体能和记忆力，加上初生之犊不畏虎，敢于发挥想象和创意。你不会对一个运动员说等你考上大学，进入社会再去比赛，你又怎能对青春期的孩子说“有创意，不急，等以后再说”？所以，我们总要给孩子留一点儿空间，让他的创意开始萌发，好在未来茁壮成长。

最后，我再分享一个我们家的故事。

我儿子小时候，每天吃完晚饭都会黏在电视前面，直到他奶奶去警告他：“别看啦！你爸爸要来啦！快去做作业啦！”他才会起身。他后来每天去曼哈顿上高中，回来很晚，奶奶年岁大了不怎么管他，我也总出差，常常不在家，索性由他自己管自己。

我女儿小时候，看到她喜欢的节目，也会盯着电视不动，但没有人管她。每次我经过她身边，就算知道她要大考了，也只会笑着说一句：“看电视娃娃！”她如果回答：“今天节目真好看！”我就加一句：“太好了！看电视娃娃！”

当她回房间做作业，我经过时又会说一句：“做作业娃娃！”

无论看电视，做作业，打电话，上网，听音乐，练琴，我都不表示意见，只说“打电话娃娃”“上网娃娃”“听音乐娃娃”“练琴娃娃”。因为那是她的世界，她的时间，她自己知道，她自己做主。我这么说，听起来没什么意思，其实是让她自己想。

孩子不能“踢一步，走一步”，我们没有办法跟小孩一辈子，大家试着早点放手吧！给孩子多些空间，也给自己多些自由。

6 你是执法还是出气？

今天要谈一个非常严肃的话题，也就是“体罚”。

体罚是打孩子，它不但严肃，而且充满矛盾。

“打在儿身，痛在娘心。”哪个正常的父母会爱打孩子呢？打自己生的，打自己从小搂着抱着带大的宝宝，哪个爸爸妈妈不心疼？问题是，为什么俗话又说“不打不成器”“棍棒下出孝子”？

打是不是真那么管用？为什么非打不可？这是我们先要思考的。

·“飞鱼”拔罐真管用

二〇一六年，绰号“飞鱼”的美国泳将菲尔普斯，拿到破纪录的第二十三枚奥运金牌。当他到达终点，上半身露出水面，摄影机做大特写的时候，大家除了佩服他，注意他特别长的手臂，还注意到一件事，就是飞鱼身上好多紫色的圆圈。后来才知道那些是菲尔普斯“拔罐”的痕迹，据说从那天起，美国针灸拔罐的医生多了好多白人顾客。

像菲尔普斯这样拔罐的痕迹，过去不知让多少在美国的华人家长遭到误解。因为美国严禁体罚，好多华人孩子被老师发现拔罐或刮痧留下的青一块、紫一块的印子，立刻报警说家长虐待小孩。

妈妈打人，孩子报警

我有个朋友的女儿在美国上小学，老师特别告诉每个孩子，家人绝对不能打他，如果有，马上报警。不但叮嘱孩子，还给了电话号码，叫小孩记下来。有一天，这朋友的太太跟女儿生气，拿起衣服架子，说要处罚女儿。那才小学五年级的女孩居然一翻白眼，说：“你如果打我，我就报警。”

妈妈原本只是作势，这下更火了，真一下子抽在女儿屁股上。小丫头立刻哭着去打电话，没几分钟两个警察就到了，把母女二人分在不同房间问话，把我朋友的太太和她女儿都吓到了。

所幸这是第一次打孩子，事情不严重，没有把孩子带走进行保护。我后来问那妈妈后不后悔。你猜她怎么答？她居然说不后悔！因为她以前没打过孩子，以后再也不会打孩子，孩子因此变得乖多了。我问：“是因为打那一下，打怕了？”那妈妈笑着说：“因为我们两个人都被警察的大阵仗吓到了！对我和孩子都等于打了一下，所以后来我一生气，就立刻想到那天警察进门的画面，马上就把火气控制住了。”

乍一听，这好像是个笑话，但是里面有值得深思的地方。警察为什么那么快，好像抓强盗似的赶到？因为怕孩子受到重伤，很多孩子都因为大人情绪失控，被体罚受重伤，甚至死亡。

所以今天谈体罚，先要想，你是在怎样的情绪下体罚孩子？你是没头没脑，不知轻重地狠狠打孩子泄你的心头之气，还是理性地处罚？

是执法还是出气

我最近看了两部电影，一部是蒋雯丽导演的《我们天上见》，一部是韩国电影《我的野蛮女友》。前面那部片子里的老爷爷，当孙女犯错的时候，会叫孙女去拿戒尺，而且用双手呈给爷爷，准备挨打。后一部电影里，男主角的妈妈没有戒尺，手边有什么就用什么打，她正在用吸尘器吸尘，看到儿子回来，就用吸尘器的长柄打；她正擀面，就挥起擀面杖追打。

各位想想，同样是打孩子，这两个有什么不同？

不同之处大了！前面老爷爷拿的是“家法”，因为孙女违背家法，所以挨打。老爷爷是在理性的情况下“执法”。至于后者，就情绪化了，不分工具、不知轻重，搞不好还不管身体的什么地方，抓住就狠狠地打。那不像是执法，倒像是“出气”。

进一步想，前面那孙女把戒尺拿给爷爷的时候，小丫头很清楚为什么要挨打，说不定连打几下都心里有数了。后面那个大男孩，虽然也知道为什么妈妈生气，但是他不会知道挨几下揍，因为他不知道妈妈那天的情绪如何。心情好，打得轻一点儿；心情差，狠狠打。

所以，骂孩子之前先控制自己的情绪，当你要打孩子之前也要问问自己，当时的精神状态如何。

请不要觉得我危言耸听，要知道许多更年期的妈妈碰上青春期的女儿，许多在办公室受气的爸爸碰上跟自己对着干的儿子，他们的体罚与其说是惩罚，不如说是拿惩罚孩子来发泄自己的情绪。

“惩罚”是事先约法三章，有规矩可循的处罚。如果你事先已经跟孩子说明白不准这样，孩子也同意，若孩子还违反约定，你处罚他是有因有果，是“执法”。“执法”的人有限度，孩子也会比较服气。

“出气”就不同了！那真得看你当时的情绪，如果你心情不好，下手不知轻重，不但你出气之后可能悔恨，你的孩子也容易心里不平。

· 爸爸妈妈都是大炸弹

我们常说“严父慈母”，爸爸多半比较严厉，妈妈多半比较慈祥。但是据我在学生中做的调查，孩子往往更怕妈妈。为什么？因为爸爸的脾气比较摸得透，妈妈的摸不透。举个我自己的例子，有一天我跟儿子接受访问，主持人要刘轩形容一下当他犯错的时候，爸爸妈妈的反应会怎样。

刘轩没有直接回答，他耸耸肩说：“我爸和我妈都是大炸弹。”

访问结束，我偷偷问儿子：“老爸这个炸弹比较可怕，还是老妈那个？”

刘轩想都没想就说："当然是老妈！"我问为什么，刘轩说："老爸的炸弹引线很短，老妈的引线很长。老妈的引线是慢慢燃烧，她一点儿一点儿累积怨气，可能哪一天才为一点儿小事，就爆了。至于老爸的炸弹，引线只有一点点，有时候惹老爸不高兴，说错一句话，都可以在心里算着：一！二！三！爆！就爆了！"

我举了这么多例子，是要说同样的处罚，爸爸跟妈妈可能不一样。

一般而言，爸爸跟孩子的关系比较像朋友，互相遵守信用，对就是对，错就是错，成绩不好就要生气，说好的没兑现就要处罚，那是"执法"，常失之于死板。

妈妈不一样，因为孩子是从她肚子里生出来的，起初她可能舍不得骂，舍不得打，孩子上学之后，又会恨铁不成钢。加上妈妈容易莫名焦虑，累积在心里，比较容易情绪化。

·"男女双打"先要默契

既然爸爸跟妈妈的情绪不一定同步，那就应该利用这一点彼此约束。也可以说一个扮黑脸，一个扮白脸。当其中一位反应过当，处分过重的时候，另一位应该出来缓解，避免失控。

只是这缓解大有学问，如果常常都是同一个人打骂，另一个人出来缓解，孩子会有恃无恐，甚至利用大人间的矛盾，在当中钻漏洞。

还有种情况，是当一个人处罚孩子的时候，如果另一人硬是插手进来，很可能非但不能让前者息怒，还勾起更大的火气，搞不好把责任推给另一半，造成更大的冲突。

《孙子兵法》说"围师必阙"，意思是把敌人围起来，但是留个缺口，让敌人从那里逃，免得做困兽之斗。同样的道理，爸爸妈妈处罚孩子，就算口径一致，也应该给孩子留些余地，留点希望，不能让孩子无路可退。

就算重重地打骂了，也应该接着把火气压下来，跟孩子冷静地谈下一步该怎么办、错要怎么改。

处罚不是因为绝望，而是因为期许！处罚的下一步，是让孩子吸取教训，改过向善，重新来过。

7 比体罚更好的管教方法

我不久前在微博、微信上做了个调查，问大家小时候有没有被体罚过，自己有没有体罚过孩子。短短两天有近四千人回答，令人惊讶的是，绝大多数的人曾经被体罚，也体罚过孩子。

我们不是禁止体罚吗？为什么大多数父母还在体罚？很多年轻人在没生孩子的时候也说绝不体罚孩子，但是真有了孩子，实在管不了，还是“下了手”。

先让我举两个发生在我身边的例子。

不知道是不是受时代影响，早年台北的老师很爱打学生。我上小学被打过手心很多次，差几分打几板。进入初中更惨了，是集体挨揍，月考成绩不如别的班，老师就把全班叫到走廊上用藤条打屁股。一个个学生捂着屁股，喊着痛，跳回教室。

问题是，管用吗？疼是真疼，可是看看那些龇牙咧嘴挨完打的学生，一个个一边喊疼一边笑。当挨打成了集体的仪式，每个人都挨揍，那挨打就不稀奇，甚至有点“壮烈”的感觉了。尤其是对青春期的孩子，一个个好像在慷慨就义。

另一个例子，是我初中的地理老师，他叫大家在地图上找他喊出的地名，并且拿着藤条在学生间走来走去，随时问：“找到了吗？指给我看！”学生稍慢一点儿，就一藤条打在手上。问题是，地图上密密麻麻的地名，字又多又小，他越这样，学生在恐惧之下反而更找不到了。

他这种体罚，能不引起学生反感吗？

其实，不论老师或家长，如果把体罚变成常态，孩子就不听了。如果动不动就揍，反而让孩子活在恐慌当中，不但可能表现更差，而且因为处罚得没道理，孩子会记恨。

集体焦虑引起的体罚

值得深思的是，为什么有些学校特别爱体罚，有些地区特别爱打孩子？

是不是因为体罚会“传染”？是啊！当你家孩子跟隔壁大毛一起出去闯了祸，大毛回家挨揍了，啪啪的抽打声音和孩子的哭喊声隔墙传来，你家孩子犯了一样的错，你会不会也把他揍一顿？说句玩笑话，你会不会觉得非揍不可，否则对大毛和大毛的父母难以交代？

体罚常常受到集体焦虑的影响。当每个孩子的家长都因为成绩差一点而体罚孩子，当大家把成绩看得像天一样大，把不及格的每一分都换算成“打几下”时，家长间传来传去，自然产生集体焦虑。事情明明没那么严重，受集体焦虑影响的父母却会莫名其妙地紧张。好比你看见一群人全往同一个方向跑，就算你根本不知道为什么跑，跑向哪里，也非跑不可。

所以我再三强调，你要骂孩子，打孩子之前，先想想，自己到底在焦虑什么？孩子有必要挨打吗？只因为别人打了他的孩子，你就要打你的孩子吗？你家是你家，你的孩子是你的孩子，你应该有你引导孩子的方法啊！

作为父母和师长，我们要先有个认识，知道孩子不是不打不争气，更不是“三天不打，上房揭瓦”。太多不体罚的管教方式证明，爱的教育也能成功。

体罚是条不归路

每个人在做父母之前，就应该告诉自己“我绝不体罚”，而且要坚持到底。

因为体罚是一条不归路，也是发怒到极限时采用的手段。现在先想想孩子小时候，他犯了错，你起初会小声跟他说，因为孩子不听，你火气上来了，越来越大声，孩子习惯了你的吼叫，有一天大声也不管用了，终于过去给一巴掌。等到一巴掌都不管用了，你拿起了扫把。这就是不归路，当你一步步走过去，有一天用了体罚，从此可能别的方法都不管用，你非继续体罚不可。

问题是，你为什么不从一开始就跟孩子小声讲理？你爱他，你在教育他，你在讲道理给他听，他是你的心肝宝贝，你当然可以小声地说。说一遍不听，再说一遍，警告他，如果再不听话，就要去墙角坐小板凳了！面壁不够，罚跪也可以，这些都是体罚，也是让孩子冷静与反省，犯得着下重手打吗？而且你过去从来没罚他跪过，今天罚跪，孩子已经觉得是天大的惩罚了，效果不比抽几巴掌差。

当你能控制自己的情绪，用讲道理的教育方法，有一天事情严重，你稍稍把音量放大，孩子就知道你发火了。从轻声说，到沉声说，到稍稍大声说，到大声说，到高声训斥，这当中有很多空间。你犯得着在孩子才两三岁的时候，就一巴掌过去，从此非打不可吗？

所以，从有孩子的第一天，甚至还没孩子，你就得教育自己，叮咛自己！

·“不归路”怎么回头

如果你已经开始打孩子了，孩子被打皮了，可能非打不管用。但只要你有耐心，愿意改变态度，这条“不归路”是可以回头的：你可以对孩子说，你大了，我不打你了，然后用其他方法取代，譬如不准看电视，少给零用钱，不准吃零食，帮忙做家事，“禁足”或“面壁”。你也可以谆谆教诲，再三叮咛，鼓励，想办法让他听得懂，做得到。

别认为这样不管用，要知道挨打是会很快过去的，你打了他，你的火气消了，他也认为事情过去了。体罚虽然速战速决，却不见得管用。反而是延伸式的处罚，譬如假日不准出门，几天不许看电视，帮忙做家事，那时间效果能拖得很长。妈妈“千叮万嘱”的效果更是惊人，我总是听孩子们说：“挨打多简单！妈妈不断叮嘱最可怕！”

·把“武场”变成“文场”

更要紧的是，当你把“武场”改成“文场”，一定要告诉孩子，因为他大了，要面子了，爸爸妈妈尊重他，所以不打了，改为讲道理，孩子大多会“因为被尊重，而学会自重”。

当你跟孩子约法三章，亲子之间建立互信的时候，你也必须按照约定严格“执法”，不能“立法”严，“执法”宽，让孩子讨价还价。最怕你没原则，孩子一拗，你就妥协了。还有种情况，是你在处罚之后又心疼，向孩子讨好。这不但有损你的尊严，而且会造成孩子的不安，让他摸不清你的情绪。

但是当你一时失察，处罚错了的时候，还是得很正式地向孩子道歉，可以说：“对不起！爸爸妈妈错怪了你！”你的道歉更能感动孩子，有时候父母道歉的画面，会留在孩子心中一辈子。

最后让我再说个故事。

我有个朋友小时候非常顽皮，总被他爸爸痛打。有一天他逃课，去租书店租了一大套漫画书，回家躲在房间看。突然门开了，他爸爸脸色铁青地走了进来，把他手上的书抢过去。他坐在椅子上不敢动，听到背后爸爸翻书的声音，心想接着就会重重一巴掌打下来，而且租来的书都会被撕烂。但是那天他爸爸没打他，也没撕书，只叹了口气说：“你大了！自己知道什么是错。我不打你了！快点把书还回去！”那该挨打却没挨打的画面，他一辈子没忘。从那天开始，他爸爸再也没打过他，他也再没逃过学，后来考上医学院，现在是纽约著名的医生。

8 青春期早恋：孩子有资格谈恋爱吗？

前两年我跟太太去黄山，一个年轻的女导游跟我们聊天。她说她就住在黄山脚下，距离她父母家不远，但是她不敢回去，因为一进家门，她妈妈就要不断催问："有对象了吗？什么时候嫁？"开始还会说说条件，现在只要"是人不是鬼，生有两条腿"就可以了。说完，她咯咯笑了起来，继续抱怨："我上高中的时候，我妈看我看得特别紧，天天警告我不能交男朋友，可是我才上大学，她又好像怕我嫁不出去，一天到晚催我快找对象，这不是很矛盾吗？"

今天我们来谈谈这矛盾的"早恋"。相信那位女导游的经历在当今社会非常普遍。提到早恋，很多父母都闻之色变，好像孩子只要早恋，成绩就会一落千丈，考不上好学校，影响一辈子，所以家长和老师都会对学生千叮咛万嘱咐："高考之前千万别谈恋爱。"

问题是，只要早恋，成绩就会一落千丈吗？

· 对异性的免疫力

在美国，男生女生交往很频繁。我儿子上高中的时候，也带女生来过家里，晚上九点，门铃响了，原来是女生的爸爸来接女儿回家。到了情人节，更有很多父母带着孩子去礼品店给孩子的男朋友或女朋友买情人节礼物。天哪！有些还是小学生！

有一天我谈到这个现象，女儿笑着说："这有什么稀奇？"很多父母故意让男孩女孩从小就交往，习惯跟异性相处。我女儿还说："奇怪了！父母为什么怕孩子中学时代交男女朋友呢？孩子在身边，爸爸妈妈正好借机会辅导啊！"她说她有些同学高中不交男朋友，好像很乖，但是才进大学就失控了。

我儿子小时候，邻居太太也曾经跟我太太说，不必阻止刘轩交女朋友，要早点交，免得长大到该结婚的时候，碰上一个就认定那一个，对异性毫无免疫力。

坦白说，我对待儿子比较开明。主要原因是他的学校在曼哈顿，距离家一个多小时车程，与其让他跟女朋友到公园约会，还不如让他在我的控制之下。所以，我知道儿子有女朋友时，就对他说："你可以把女朋友带回家，你们在楼上聊天，老爸老妈绝不去打扰，也会管好你妹妹。"

· 父母都得面对现实

请不要觉得我太开明，会把孩子带坏。要知道，哪个少女不怀春，哪个少男不钟情？当孩子进入青春期，激素开始作祟，爱情无孔不入，你是不容易管的。我曾经提过，孩子情窦初开，你就要注意，他放学之后有没有直接回家？他会不会跟哪位同学特别亲近？会不会交了年龄相差很大的朋友？避免孩子早恋好像保护堤防，必须滴水不漏，只要有一点儿渗水，就立刻堵上。

我不是鼓励早恋，而是面对现实。在谈这个题目之前，我曾经很慎重地在微博上做过调查，发现不少父母也有早恋的经验，也并不极力反对孩子早恋，甚至有人说："孩子没谈的别谈，已经谈的别断。"为什么别断？因为断了伤心，更会影响学业。

这就是现实！如果你没能防止孩子早恋，与其造成冲突，不如把围堵改为疏导，尤其是当孩子交了年龄相差很大的朋友，你更要深入了解，以免造成大的伤害。

道高一尺，魔高一丈

青春期的孩子特别叛逆，会不会正因为大人管得严，甚至管得不合理，反而把“美事”变成“丑事”，把应该正大光明的事情搞得偷偷摸摸？

记得我之前做青少年咨询的时候，有个高中女生拿她的日记给我看——厚厚的一本，里面撕掉了一半。女生说因为发现她爸爸偷看她的日记，她一气之下就把前面写好的都撕掉了。我问她：“这样做，爸爸就不再偷看了？”女生一笑说：“他还会偷看，但是我改成写两本日记，一本给他看，一本我自己藏着。我还可以用这方法调虎离山，譬如有一次在给他偷看的那本里写要跟男生去哪里约会。到时候我回家了，他们都不在家，很晚才回来，进门看到我还吓一跳。我问他们去哪儿了，他们支支吾吾说去应酬了，可是，应酬怎么还会被蚊子叮那么多包？”

我当时问这叛逆的女生：“看样子你花了不少心思来应付你爸爸妈妈，对不对？”

女生说是，为了跟男生偷偷打电话，总得竖着耳朵注意外面的脚步声，担心爸妈随时推门进来，一晚上书没念几行，却不知吓死多少脑细胞。电话没聊完，还要拖到很晚，等爸妈睡着了，再跟男生通电话。

这样的孩子能专心念书吗？功课能不一落千丈吗？她的睡眠不足，能不影响健康吗？相反，如果她的父母知道女儿交了男朋友，那男生又不错，让他们正常交往，说不定还能认定目标，彼此激励，考上好大学呢！

与其围堵，不如疏导

孩子读书很有弹性，当你时时刻刻盯着他的时候，他可能装作用功的样子，其实心不在焉。当他真专心起来，很短的时间也能读进不少东西。举个例子：

我儿子读高中时，我也曾为了他跟女生“煲电话粥”而生气。当时因为怕打扰他学习，我把电视声音开得非常小，小到我得学“读唇术”了，但是经过他房间，却发现他在打电话，而且整晚都在打电话，换作哪个父母都会生气吧？

但是后来我想通了。其实是儿子的一句话让我想通了，他说如果他整晚都打电话，成绩出来还是全A，也没透支睡眠，我何必管？相反，如果他不打电话，却老惦记着那女生，结果不能专心读书，成绩掉下去又怎么办？

所以后来我再也不管他，只讲：“你交女朋友，没问题！只要你的功课不受影响，你的健康不受影响，你的心情不受影响，你变得更乐观积极，对父母也更有礼貌，你尽管交女朋友！对了，还有，你和你女朋友要知道自我保护。”

谈到自我保护，相信你会懂我的意思。请不要觉得我太放纵孩子。要知道这个时代不一样了，孩子上网接触的东西太多，很多事情是你堵不住的。既然围堵不管用，只好用疏导。

当你不能确定孩子有没有早恋，或是有早恋，你管不住的时候，你也要教他们自我保护。女儿最好由妈妈教，儿子最好由爸爸教，学校的老师也要教。这种事必须一教再教，说到孩子的心里去。好比上网，不确定安全的东西，千万别碰，别打开。为了避免后患，避免疾病的感染，每个孩子都得把握原则，绝不妥协，严格把守关口。

最后分享一段我在《萤窗小语》里写的《心扉》：

> 假使心有扉，这心扉必是随着年龄而更换的。十几岁的心扉是玻璃的，脆弱而且透明，虽然关着，但是里面的人不断向外张望，外面的人也能窥视门内。
>
> 二十几岁的心扉是木头的，材料讲究，而且雕饰漂亮，虽然里

外隔绝，但只要爱情的火焰，就能将之烧穿。

三十几岁的心扉是防火的铁门，冷硬而结实，虽然热情的火不易烧开，柔情的水却能渗透。

四十几岁的心扉是保险箱的钢门，重逾千斤且密不透风，既耐得住火烧，也不怕水浸，只有知道那密码、备有钥匙的人，或了不得的神偷才能打开。

·先爱自己，才有条件去爱别人

罗密欧和朱丽叶恋爱的时候，不过十四五岁；林黛玉和贾宝玉在一起的时候，也不过十五六岁。

“早恋”虽然早，但既然恋，就是一种爱，尽管十六七岁孩子的爱情在父母眼里不够成熟，即使早恋的那个孩子，十几年或者几十年后回头看那段早恋，也可能觉得幼稚。我在《心扉》里写过，每个年龄都不一样，钢和铁的心扉，不必否定玻璃和木头的心扉，那毕竟是生命中的脚印。

所以，如果你的孩子早恋了，不必一口否定他的感情，以免他反感。因为对他来说，早恋也是恋，甚至因为是初恋而更刻骨铭心。你可以对孩子说：“爸爸妈妈年轻的时候，也有过这样浪漫心动的时刻，但是如果因为早恋，你的功课一落千丈，睡眠不足，心情不稳，而且对父母的态度不好，你就得检讨了。还有，当你去爱别人的时候，有没有好好爱自己，爱家人？只有当你能好好照顾自己，关怀家人之后，才有条件去爱别人，谈恋爱。”

9 后青春期的亲子关系

每个人的一生都有两个快速成长期。

一个是从出生到两三岁，孩子刚生下来的时候才那么小，像小猫似的！但是"一暝大一寸"（注：闽南语专用，指一晚大一寸），才两三年，他们已经能跑能说，长到将近出生时的两倍高。

另一个快速成长期是青春期，这个阶段孩子生长的速度会加倍。女生大约从十一岁开始，男生从十三岁开始，在短短两年当中，女孩可以长高近二十厘米，男孩长得更多，所以常听人说一个暑假不见，好多孩子的成长都让人吓一跳。

妙的是，就在孩子快速长大的这个阶段，他们特别叛逆。以前你说什么，他都同意，两岁左右的小娃却突然有了一堆自己的意见，常跟大人唱反调。小娃突然从小天使变成小恶魔，英语还有个专门形容这时期的词，叫 terrible two。据研究，那是因为他们的心智已经发育得不错，可是行动跟不上，虽然会说话了，表达还是常有困难，不能同步，就感觉孩子好像总爱跟大人作对。过两年，他们表达的能力强了，就不再那么爱作怪了。

· 第一次断奶要革命

青春期也一样，孩子因为身体已经长得跟成人差不多，似乎能独立了，但是心智上不够成熟，生活上也离不开父母，加上激素作怪，孩子在这个时候也特别叛逆，特别有主见，有时候为反对而反对，硬是跟你唱反调。

这两个天使变恶魔的阶段，不仅是他们长得特别快的阶段，还有一点相似，就是他们都到了断奶的时候。

喂奶能喂到几岁没有定论，但是大多数父母在孩子一岁多、两岁的时候都会给孩子断奶。一方面是认为这时候的母乳营养已经不够，孩子该吃其他食物了；另一方面是妈妈需要自由，不能总被绑在孩子身边。有些妈妈为了断奶，甚至在乳头上擦一些苦的或辣的东西，让小孩不再吸奶。

· 第二次断奶大不同

至于第二次断奶，本质上是要离开对妈妈的依附。是啊！十七八岁的孩子要上大学了，要去住校了，甚至交了异性朋友，还能一天到晚黏着妈妈吗？孩子得成长，得进入社会，得独当一面，他必须经历第二次断奶。

问题是，这次断奶就不像两岁时那么简单了。有些孩子从小到大都是衣来伸手，饭来张口，不会烧开水，甚至连洗衣机都不会用。孩子上大学，还有好多家长跟在孩子身边。我在电视上看到很多大学新生报到那天，好多父母背着行李，没地方睡，甚至睡在校园里。有些孩子进宿舍前，父母早把网络装好，把冰箱、电视安好了。还有些父母怕孩子不适应，甚至在学校旁边租房子，给孩子洗衣服、做饭。

我见过一些在美国的华人父母也这么做，甚至为孩子继续请家教、陪读，硬是让孩子从常春藤名校毕业。

· 娇生惯养的孩子危险哪！

同时，我也见过一些悲剧。四十年前，我刚到美国的时候，就听说有中国留学生去餐馆打工，厨师叫他把油锅端过来，他没戴手套就去端，端起来才发现那是满满一锅鼎沸的油，一旦松手定会洒在身上，只好硬撑着把油锅慢慢放下，两只手都受到严重的灼伤，立刻被送去了医院。

另外一个悲剧是为我家装修的工头说的。一位新来的留学生，跟着他打工，他叫留学生拿石膏板，一般工人一次能拿两块，那学生只拿一块，还因为使力的方法不对，扭伤了腰椎，不得不放弃工作，回家静养。

如果这是你的孩子，你伤心不伤心？如果你在家娇生惯养的孩子，突然要断奶，自己出去闯天下，你放不放心？

假使你会不放心，你应该怎么做？像有些父母搬到学校旁边继续帮他打理一切，还是你应该平时就教他？最起码怎么用洗衣机、烘干机，怎么开炉子、关炉子，你得教吧？信不信？好多孩子上大学了，还不会开煤气呢！打火的时候，嘀嘀嘀一响，就紧张得要命，结果火没打着，煤气却冒出来了，多危险！

不管你的孩子是男生还是女生，基本的烹饪也得会吧？我儿子上大学的时候，每次打电话回家，我太太还没接，就会说："八成哪样菜不会做，要问老妈了！"可见就算是男生，在家也该学学做饭。这可重要了！我知道好几对在大学谈恋爱后来结婚的，都是男生在宿舍做饭给女生吃，通过抓住女生的胃，抓住了女生的心。

当你的孩子要进大学了，你要利用入学前的时间，把基本的家事教给他。应该说，更好的教养是从孩子小时候起就让他参与做家事，因为跟大人一起工作，能增加孩子的向心力，增进亲子感情，让他觉得家不只是父母的，也是他的。

如果你读过我写的《超越自己》《创造自己》《肯定自己》，可以知道当刘轩上高中的时候，尽管功课忙，他还是得帮我修水龙头，清理屋顶的"天沟"，耕地种菜，搭架子，种黄瓜、西红柿。我在书里说，你要教孩子怎么吃整只"龙虾"，也要教他修理"龙头"。如果龙头是他帮忙修的，有一天又漏水了，孩子会放在心上，说："为什么我才修好的龙头又漏水了？"而不是毫无感觉，认为那是父母的事。

亲子间要有权利与义务的默契

虽然近几年中国实施了二孩政策，但大部分家庭还是只有一个孩子。这表示那个家里的产业，将来八成是这孩子要继承的，也表示把他带大的爸爸妈妈，甚至爷爷奶奶、姥姥姥爷，有一天可能需要他的照顾。在这样的家庭，你能不让孩子从小就有心理准备吗？你能不常常教他饮水思源和感恩吗？

我曾经参加一个电视节目，一个男孩说："我爸我妈要我好好读书，考上好大学，将来才能买大房子，才能有钱。可是，他们就我这一个孩子，将来房子给我，够大了！他们也很有钱，只要他们现在省着点花，将来我还怕没钱吗？"

还有个孩子理直气壮地说，他将来除了养他爸爸妈妈，搞不好还得养爷爷奶奶、姥姥姥爷，养这么多人，他可办不到。

听到这些，你能不心惊吗？又能不检讨我们的教育吗？

现在东方孩子接受了西式教育，他们既希望有东方式父母的宠爱，又希望有西方孩子的自由。进入社会之后，他们既希望服务的单位给他们日本式的员工照顾，又希望有美国员工的自由，却没有日本员工对公司的忠诚和美国员工的自主学习意识。

当孩子要西方式的自由，就当然要有西方式的主动。当他要爸妈和老一辈的宠爱，就要早早在心理上建立起未来对家庭的责任。一边是享受权利，一边是尽义务，这是每个孩子在第二次断奶，离开父母之前，都要有的心理准备。也可以说，那是亲子之间应有的默契。

没有了这种默契，你的孩子成绩再好，进再好的学校，你们的亲子教育都不能算是非常成功。在华人社会，孝道是非常重要的。

面对第二次的断奶，有些孩子会像小时候一样，不愿接受。一种可能是他离不开家，于是找个附近的大学上，毕业之后也留在父母身边，甚至进父母的单位工作。这没什么错，挺好！但是也有些孩子在被录取，知道将离开家的时候，非但不会依依不舍，反而躲着父母，因为他们不敢面对分离。还有些孩子去远方上大学，就好像风筝断了线，很少回家。不是他不爱这个生他、养他的家，常常是因为他在回家团聚时害怕别离，也可能怕被问东问西，受不了爸妈关心带来的压力。还有些孩子不敢面对父母老去的现实，而选择了逃避。

这些都是你要知道的，除了早早为自己的老年做规划，更要叮嘱自己：孩子大了，你的不放心会让他们觉得不被信任；你过度的关心，会造成孩子的压力。你更要知道的是：今天舍不得第二次断奶的，不一定是你的孩子，也可能是你自己。

· 是失落还是获得?

回头想想，从撕裂的疼痛中把孩子生下，一口口把他喂大，抱着，摇着，牵着走向学校。再送上学，接下学，早起晚睡，提心吊胆，终于把孩子在手心里捧大，大到比父母高出半个头。

从他小时候，你轻轻哼摇篮曲，大一点儿你呼前唤后地带他玩耍，再大一点儿你大呼小叫地要他用功，再到青春期把你气得七窍生烟地怒吼。

突然间孩子考上大学，这孩子居然要离开家了。家里一下子安静了，静得让你心慌。

他两岁时第一次断奶，你是年轻漂亮的妈妈；现在第二次断奶，你的头上已经有了霜白。

第一次断奶，你还生龙活虎，只怕那小娃把你拴住，害你不能出去玩；第二次断奶，你已将近半百，搞不好还遇到了更年期。

你会不会不能接受孩子将要离开的现实？你会不会一边为他准备行囊，一边偷偷掉眼泪？

每个父母，就算你的孩子还小，都要知道这一天必定会来到，所以如我前面讲的，你要早早教他出去之后必要的生活知识，教他对家的责任。你更要告诉自己，这次孩子断奶之后，你除了失落，也会获得，你们亲子都会迎来另一个阶段，不一样的人生。

结束语

Concluding Remarks

人生像长跑，别让孩子输在终点

最近我在网上看到两则留言，很有感触。一则是一个中学生的抱怨，他说他每天早上七点半到校，下午五点半放学，十一点半才能睡觉，这样的日子要持续十二年啊！怎么受得了？

另一则是一个大学老师的感叹，他说现在的学生都很会考试，一个个以高分考进来，但是当老师讲故事给他们听的时候，早几年的学生都会很感动，现在的学生却常常无动于衷。多年前，我到一所有名的高中演讲，那里的老师得意地对我说，到了高三，他们学校会特意把学生们送到山边的房子，那里前不着村，后不着店，学生们在那儿住，在那儿吃，在那儿拼命读书，加上不准跟外面联络，学生们不会分心，所以大多数毕业生都能考取顶尖大学。

但是当我跟一位回校听我演讲的学生聊天，那学生却抱怨，他们每天只用眼睛看书，用手拿笔写字，几乎没有老师讲课，同学也不怎么聊天，所以很少用耳朵；因为没有体育课，两条腿也很少运动。除了会考试，只怕自己很多地方都退化了，包括感觉，好像对什么事都变得麻木。

让我们回头想想之前的内容，从宝宝诞生开始，要吃奶，要抚摸，要抱着拍拍摇摇，要轻声对宝宝说话，要给宝宝安全感，建立良好的亲子关系，甚至在宝宝睡着的时候，都轻声为他唱歌，告诉他爸爸妈妈的爱。孩子大一点儿，我们要教他画画，让他感觉到这世界的美；教宝宝音乐，要他懂得欣赏宇宙间的各种声音，就算跑跑跳跳，都可以创造美丽的节奏。哪一样不是让他们感动的？

我们给孩子说故事，让他们发挥自己的想象力；我们带孩子跳舞，让他们用身体表达情感。我们教孩子读书，欣赏文学的意境；我们教孩子视觉引导，以拍电影的方式写作文，用图片说明回想，用谐音帮助记忆；我们也教孩子用餐的时候感恩，担任义工来关怀弱势群体。哪一样不是美好的？

从头到尾，我虽然也提到避免孩子撒谎，避免责骂体罚，以及要孩子遵守餐桌礼仪和交通规则，但是无论多么严格，到后来都是以爱心来引导孩子。

所以当我看到网上那两则来自学生和老师的留言，想到那在山边教室里苦学的学生说的话，很有感触，也很感伤。

人不能失去感动的能力

如果我们的孩子成功了，却失去了感动的能力，这能算是真正的成功吗？问题是，当父母强力造就孩子的同时，会不会也扼杀了他们学习的热忱，让他们失去了感动的能力？

想想，多少孩子小小年纪就被父母逼着去学琴，一级一级考级，一次一次在亲朋好友面前表演："瞧！我的孩子是不是很有音乐天分？"

问题是，当孩子上初中之后，为什么多半都不再弹钢琴？音乐不再可爱了吗？他不再是父母可以炫耀的小天才了吗？孩子心里会怎么想？更糟糕的是，学了好多年的琴被盖上了，几乎不再打开。有时候你叫孩子弹一曲，只弹最简单的《生日快乐》，孩子都不愿意。为什么？因为他忘了吗？如果他忘了，过去几年的功夫白费了吗？如果他没忘，他为什么拒绝再打开琴盖？他是怕弹不好被人笑、被你骂吗？弹琴不是很美好的事情吗？孩子为什么一下子好像完全没了兴趣？更可怕的是，他会不会一辈子失去兴趣，只因为童年学琴的记忆并不美好？为什么每个宝宝都喜欢看故事书？为什么刚开学时拿到全新的课本，孩子翻一翻，都觉得很有意思？又为什么开学之后，课本就变得不那么可爱了？当一个孩子从小到大读很多书，读得昏天黑地，终于考上大学，那些书常被他毫不留恋地扔掉。再试想下，当读书给他留下的记忆都是考试，都是熬夜，都是死记，都是冰冷冷的数字和人名，会不会让他内心排斥，这辈子不再爱读书？

我们教孩子学琴，是为了让他们不爱音乐吗？叮嘱孩子好好读书是为了让他们有一天不必再读书吗？我们从小用爱心栽培他们，是希望有一天他们变得麻木，失去感动的能力吗？

一技在身能用几年？

今天不再是“家有万贯不如一技在身”的时代，也不再是“十年寒窗无人问，一举成名天下知”的时代。退回几百年前，男人的平均寿命才四十多岁。古时候，一个人读了书，中了举，又能工作几年？再看看今天，已经有些国家计划把退休年龄延长到七十岁。四十跟七十，这当中有多大的差距啊！旧时代的知识能跟今天比吗？今天的大学毕业生，二十多岁学的那一点儿专业知识，如果不继续充实，能让他“照方抓药”用几十年吗？

过去读书，要博学强记，记忆力好的孩子特别容易出头。过去当个作家，搜集材料非常重要，越能掉书袋，越能显示学识渊博。过去你为了查一个数据，可能得在图书馆泡上半天；现在你打开电脑，成千上万的资料已经排列在眼前。

今天要出头，不再靠死记硬背，而是要比创意。问题是，死读书的孩子能有创意吗？

今天最好的大学，不再只是给你开一扇门，教你从那里走，而是给你开很多扇窗，让你往每个方向看，然后自己开一扇门，走出去。在封闭环境长大的孩子，能有海阔天空的视野，自己开一扇门吗？

你或许看过我写的《超越自己》《创造自己》《肯定自己》，我早年的灵感是得自德国大哲学家尼采的“精神的三变”，也就是“骆驼、狮子和婴儿”。

起步时，我们要拼命学习，好像在沙漠中艰苦前行的骆驼。

进入社会后，我们要拼命冲刺，好像旷野里称霸的狮子。

年老之后，我们回归恬淡，如同襁褓中天真的婴儿。

今天我仍然要说：“超越自己！创造自己！肯定自己！”但是因为时代不一样了，人们的寿命加倍，科技日新月异，你的孩子可能活到一百二十岁。他用骆驼的精神，得到知识，得到学位。进入社会，像狮子一样往前冲，但是世界变化太快，他可能突然发觉自己落伍了。问题是，他还很年轻，能就这样早早退休，成为婴儿吗？不！当然不！他必须重新进修，必要的话，他要再做学生，再做骆驼，充实自己，他也可能转换跑道，重新创业，再做狮子。

因为寿命的延长，科技的进步，你的孩子可能在未来的人生中，要一而再，再而三地由骆驼成为狮子，由狮子成为婴儿。如果他不能具备终身学习的态度，他未来能够过得好吗？就算他眼前成功了，进入理想的学校，在未来漫长的岁月，你能保证他成功吗？

人生像长跑，没有人能说前面一百米落后的孩子，五百米以后还是落后。就算你的孩子在眼前这个阶段不如人，只要他自己知道学习，将来还是可能成功的。

他的生命多长啊！他的机会太多了！

别让孩子输在人生的终点

如果他因为从小被逼着学琴而不再爱音乐，因为死读书而不再爱读书，他未来的人生怎么会美好？如果你为了让他赢在起跑线，太早逼他学习，睡眠不足，运动不足，心情郁闷，他怎能拥有健康的老年？他是可能赢在起跑线，却可能输在终点。他还可能因为失去了美好的感觉，一辈子过得庸俗，也可能因为痛恨读书，不爱进修，被社会早早淘汰。

天生我材必有用，每个孩子都能成功

俗话说："活到老，学到老！"除了学到老，我们还应该"快乐到老"！

俗话也说："天生我材必有用。"我一直强调，每个人天生不一样，有视觉型、听觉型、触觉型、早熟型、慢热型。就算老师没办法发现你的孩子的长处，你也要自己发现。你可以不欣赏他，但是不能否定他！即使你对他失望极了，也要在心里对自己说："相信有一天他会令人刮目相看！"

这本书从宝宝婴儿期讲到幼儿期，从少儿期讲到青春期。这是我多年来一直想写，一直想说的，也是在我诸多作品中，唯一专门讲给父母，全方位谈亲子教育的一本书。里面没有高深的理论，但有实用的方法；没有虎妈狼爸的怒吼，但有宽容谅解的叮咛。我从事教育半个世纪，发现最好的方法不是强势的打骂，而是锲而不舍的爱的教育！尤其在今天这个时代，除了造就，更要发掘！

未来的世界充满机会，孩子具备无限的潜力，请大家相信，只要找到适合孩子的道路，每个孩子都能健康、快乐，而且成功地长大。

附录一

Appendix 1

测测你的孩子拥有哪方面天赋

每个孩子都有自己的长处，我们称之为天赋。但是大多数孩子的天赋并没有那么明显，家长应细心观察，通过孩子的日常行为，推测孩子的天赋所在。

美国耶鲁大学罗伯特·斯腾伯格博士研究的一项“多方面”测验，或许可以帮助我们更准确地发现孩子的天赋。

1. 他在背诗和有韵律的句子时很出色。	2. 他很注意你在愁闷或高兴时的情绪变化，并做出反应。
3. 他常常问诸如“时间从什么时候开始？为什么小行星不会撞到地球？”这样的问题。	4. 凡是他走过一遍的地方，他很少迷路。
5. 他走路的姿势很协调，随着音乐所做的动作很优美。	6. 他唱歌时音阶很准。
7. 他经常会问打雷、闪电和下雨是怎么回事。	8. 你如果用词用错了，他会给你纠正。
9. 他很早就会系鞋带，很早就会骑车。	10. 他特别喜欢扮演什么角色或编出剧情。

11. 外出旅行时，他能记住沿途标记，说：我们曾到过这里。	12. 他喜欢听各种乐器演奏，并能辨别它们发出的声音。
13. 他画地图画得很好，路线清楚。	14. 他善于模仿各种身体动作及面部表情。
15. 他善于把各种杂乱的东西按规律分类。	16. 他善于把动作和情感联系起来，比如他说："我们做这件事时兴高采烈。"
17. 他能把故事讲得很精彩。	18. 他对不同的声音发表评论。
19. 他常说某某长得像某某。	20. 对别人能完成与不能完成的事，他能做出准确的评价。

①如果孩子在第 1、8、17 条表现突出，代表他可能有很好的语言天赋。

具有语言天赋的孩子，父母应该常请他描述一些对象、一件事、一个自然现象等等，并经常给他提供这方面的书籍。

②如果孩子在第 6、12、18 条表现突出，代表他可能有很好的音乐天赋。

这类孩子在很小的时候（两三岁）就特别注意倾听有规律的声音，只要有音乐出现，他就会瞪大眼睛专注地聆听，这时他所表现出来的专注程度，连七八岁的孩子都比不上。这表明他在音乐方面潜能很大。

③如果孩子在第 3、7、15 条表现突出，代表他可能在数学、逻辑方面有天赋。

他喜爱下跳棋和象棋，能很快明白一些等量关系。如果给他一些杂乱的玩具，他会有条理地把它们归类。这种孩子，也许他上学后的数学成绩并不理想（这可能由于他对讲述的课程语言方式不适应，或者注意力太容易分散），但他在这方面的潜能是不应怀疑的。

④如果孩子在第 4、11、13 条表现突出，代表他有很好的空间方面的天赋。

他有丰富的想象力，对绘画、机械组装有浓厚的兴趣。应该多带他去远行，并让他从小做画地图的游戏。

⑤如果孩子在第 5、9、14 条表现突出，代表他有很好的身体动觉天赋。

通常运动员和舞蹈家都有这方面的天赋。

⑥如果孩子在第 10、16、20 条表现突出，代表他有很好的自我认识天赋。

通常剧作家或者导演会有这方面的天赋。

⑦如果孩子在第 2、10、19 条表现突出，代表他有很好的认识他人的天赋。

这类孩子对自我和别人都常常不由自主地做出判断和反省，具有与人交往、沟通、组织方面的潜能。

附录二

Appendix 2

刘墉亲子教育金句

教养观念

1. 一个宝宝的诞生，也是一个妈妈的诞生。抚育、养育、教育，是从出生那一刻起，甚至出生之前就要注意的。

2. 我们的大脑好像一棵树，从出生到三岁，那棵小树会拼命长大，长到原先的三倍大，然后生长的速度就变慢了，但是大脑没有闲着，它会为那棵树做修剪，把不必要的树枝剪掉。这个修剪的工作主要发生在十七岁之前，所以我们要教孩子好好把握时间，充分利用他们的脑力，剪出最好的树形。

3. 人生像长跑，没有人能说前面一百米落后的孩子，五百米以后还是落后。就算你的孩子在眼前这个阶段不如人，只要他自己知道学习，将来还是可能成功的。他的生命多长啊！他的机会太多了！

4. 最有效的教育方法，不是填鸭，而是浸润。每个人都像玉石，你要他透、要他润，最好用油浸，或常常把玩、贴身带着，让油气、水汽一点点渗透到玉石里面，而不是把玉石摆在柜子里，用大灯照着。只怕时间久了，玉石反而会变得没有光泽。

5.“不迁怒”是非常重要的修养，孩子固然可以惹你生气，但是你犯不着把跟他无关的火气撒在他的头上。所以，在你教训孩子之前应该先想想自己。

6.如果你生长在一个总是从负面思考的家庭，可能你也习惯于负面思考，如果你不改，你孩子也就可能习惯于做负面思考，即使是正面的事，都用负面的语气表现。这是很不健康的，必须改正！

7.孩子不能“踢一步，走一步”，我们没有办法跟小孩一辈子，大家试着早点放手吧！给孩子多些空间，也给自己多些自由。

8.家是一个共荣圈，当你把孩子当作大人，交代给他各种事情，设想遇到意外的时候，他该怎么应对，不但能让孩子警惕，而且会让他觉得自己长大了，对家里的许多事责无旁贷，不再是个处处依赖大人的孩子。

9.每个孩子都能成功！每个孩子都该成功！只要你能肯定他，引领他，不干扰他，让他发挥，他就能让你刮目相看。

关于天赋

1.人各有长，不必死心眼地朝一个地方钻。父母只要了解孩子的长处，个个孩子都可以是天才；每个孩子朝着自己的长处去努力，个个都能走出一条自己的路。

2.人生不是单行道，尤其是新新人类长远的人生。请好好为孩子想想，他的天分在哪里？他的兴趣在哪里？父母应该根据孩子的才能来选择学习的东西。选对了，可以事半功倍；选错了，则可能勤苦而难成。

3. 每位父母必须知道自己的孩子是鱼还是熊猫。如果是鱼，你不能要它爬树，你要给它大片的水；如果是熊猫，你不能逼它潜水，你要给它大片的竹林。最重要的是，即使你发现他一无是处，也不能否定他。他绝对有才能，只是你还没发现。不否定他有他的长处，是你教育他走向成功的第一步。

4. 人人天生就有艺术的才能，必须把握最佳的时机，把那潜能激发出来。让他们觉得处处有可以学的语言，处处有美好的音乐，从来到世界的第一天，就感觉人生真美好！

5. 教小孩才艺，不能以造就专业艺术家为目标，而应该是为激发他的大脑，让孩子的潜能得以发挥，更为了让他们爱艺术、爱生活、爱人生。

6. 我希望提供给家长及师长的，不只是怎么使孩子考高分的，更是使他们快乐、成功，德智体群美五育均衡发展，并且适应未来时代的心得。

家庭教养

1. 什么是教养？教养是你除了养他，还要教他，一边养，一边教的成果。深一步想，教养是礼貌，是“己所不欲，勿施于人”，是处处为别人着想。家庭教养是为自己着想，也为别人着想，是进一步规划，也是退一步着想，未雨绸缪。

2. 我特别要叮嘱那些宠孩子的爸爸妈妈、爷爷奶奶，虽然你们家的孩子还小，可能只有三四岁、四五岁，但是永远要教他自制，教他遵守游戏规则，只有这样，他入学之后才比较容易融入集体。

3.当你家宝宝从很小就养成守规矩的习惯，而且因为你坚持原则、执法严明，孩子知道不能跟大人耍赖，不能讨价还价的时候，是不是一切都会进行得很顺利？这就是人格养成教育的良好结果。

4.当你的孩子要进大学了，你要利用入学前的时间，把基本的家事教给他。其实更好的教养是从孩子小时候起就让他参与做家事。跟大人一起工作能增加孩子的向心力，增进亲子感情，让他觉得家不只是父母的，也是他的。

5.当孩子想要西方式的自由，就要有西方式的主动。当他要爸妈和长辈的宠爱，就要早早在心理上建立起未来对家庭的责任。一边是享受权利，一边是尽义务，这是每个孩子在第二次断奶、离开父母之前都要有的心理准备。也可以说，那是亲子之间应有的默契。

心灵教育

1.对幼儿最好的心灵教育，不是当他哭喊的时候你会在，而是当他需要的时候，你会在。

2.当你希望孩子未来快乐成功时，有没有忽略了他现在的快乐？最成功的人生，应该是从生下来就能快乐、健康、积极地过好每一天。

3.希望孩子懂得感恩，就要给他们付出爱的机会。这不但会使得他们关怀他人、关怀乡里、关怀世界，而且使他们更能肯定自己存在的价值。

4.如果你的孩子早恋了，不必一口否定他的感情，以免他反感。因为对他来说，早恋也是恋，甚至因为是初恋而更刻骨铭心。你可以对孩子说："爸爸妈妈年轻的时候，也有过这样浪漫心动的时刻，但是如果因为早恋，让你的功课一落千丈、睡眠不足、心情不稳，而且对父母的态度不好，你就得检讨了。还有，当你去爱别人的时候，有没有好好爱自己、爱家人？只有当你能好好照顾自己、关怀家人之后，才有条件去爱别人、谈恋爱。"

5. 在你对别人付出爱、在你谈恋爱之前，先要爱护你自己、爱自己的父母亲人、爱自己的家！

关于学习

1. 记忆是生命的轨迹，训练记忆就是充实人生。为了孩子的现在，也为了他们的未来，我建议大家鼓励孩子多学、多记、多想、多组织。

2. 如果时间允许，你应该尽量参加家长会，去学校走走，同时跟其他学生的家长保持联络。因为你常去学校，老师对你的孩子会不一样，你的孩子也会比较谨慎。你还可以从其他家长那里得到很多有价值的信息。

3. 读书不在读多少，在记得多少。不在记得多少，在领悟多少。也不在领悟多少，在使用多少。越是深刻领悟、活学活用的，越不会遗忘！

4. 不论教孩子或你自己，读书都应该放在心上。只要你觉得有用，就应该尽量放在心上不忘记。温故而知新！"温故"跟"知新"一样重要，一个人能常温故、不忘所学，就等于新学了东西。